孩子 我要你做自己

犹太教育教会我的事

吴维宁 著

APSTIME 时代出版
时代出版传媒股份有限公司
北京时代华文书局

图书在版编目（CIP）数据

孩子 我要你做自己 ：犹太教育教会我的事 / 吴维宁著. --
北京 ：北京时代华文书局，2014.1
ISBN 978-7-80769-222-5

Ⅰ. ①孩… Ⅱ. ①吴… Ⅲ. ①儿童教育—家庭教育
Ⅳ. ①G78

中国版本图书馆CIP数据核字（2013）第305123号

北京市版权局著作权合同登记章图字：01-2013-8369

孩子 我要你做自己 ：犹太教育教会我的事

吴维宁／著

出版人 田海明 周殿富

选题策划 胡俊生 责任编辑 胡俊生
执行编辑 姚 慧 装帧设计 程 慧 赵芝英

出 版 时代出版传媒股份有限公司 http://www.press-mart.com
北京时代华文书局 http://www.bjsdsj.com.cn
北京市东城区安定门外大街136号皇城国际大厦A座8楼 邮编：100011

发 行 北京时代华文书局图书发行部 （010）64267120 64267397
印 制 北京中印联印务有限公司 （010）87331056

规 格 880mm×1230mm 1/32
印 张 7
字 数 120千字
版 次 2014年4月第1版 2014年4月第1次印刷
书 号 ISBN 978-7-80769-222-5
定 价 32.00元

我们都是七星瓢虫

开心的小伙伴们

妈妈，我可以自己吃饭！

小画家们开工啦

奶牛先生，开饭喽

别惹我们，我们会认真的

看我的大肚皮，我也是小妈妈

谁说不识字就不可以读书

看我多专心！

度假进行时，虽然没有比基尼

目　录
CONTENTS

第2篇　犹太教育教会我的事

第3篇　以色列科学的育儿方式

序一

分享犹太与中国文化的差异

何玺梦（Simona Halperin）

我很高兴为“雅妈”吴维宁小姐的新书写这篇序言。

雅妈的书不仅是从知性、聪颖以及有趣的角度来分享以色列生活和教育的经验，她还提供了读者从以色列内部来看以色列的个人观点。嫁给一个犹太人并在以色列养育三个漂亮的女儿，让她拥有以人妻、人母的角度观察一般生活方式的洞察力，而她在作为一个教师的职业，则为此书增加了特殊的专业与分析的面向。

经常有人问我，犹太人跟以色列教育的秘诀是什么？为什么有那么多世界著名的学者是犹太人？在犹太传统文化跟教育中有什么内涵，而使得25%的诺贝尔科学奖得主是犹太人？

在犹太与中国文化中，我们都十分重视家庭与教育——这是两者之间显著的相似性。而雅妈的书，则替我们打开了一扇窗，让我们看到两者的主要差异。

什么是以色列社会？不断的问问题、挑战既有的真理、不接受“不可能”的概念，并且让跨年龄与文化的人共同参与，找出另一种方式去解决问题——这就是以色列社会的定义。

通过在开放以及具挑战性的环境中培养三个幼女，以及作为一个每天要跟以色列幼童（有时十分自以为是）打交道的幼儿园老师，为雅妈打开了不同的世界，也让她巧妙的跟我们分享：如何在日常生活中培育出独立的个体，如何在不压抑好奇心跟创造力之下教会孩子尊重与纪律，进而使今日的孩子变成明日聪颖而有创新能力的成人。

我相信您会十分享受这个优秀作家令人惊艳的洞察力。

我也邀请您自己来体验，

我们以色列见！

序二

先说最不重要的好了

人本教育基金会董事长　史英

有一种情形让人“无从下箸”，就是当那一桌菜特别丰盛的时候。现在要说维宁这本书的好，我就不知道该从哪里说起。

先说最不重要的好了：这其实是一本非常实用的“育儿宝典”，从怀孕、喂奶、到上学，大大小小的事情无所不包，不但都是实例，甚至还有执行的步骤。有人要说，这种育儿书到处都是，有什么稀奇？稀奇的是，这本书看了真的会有用——一般书则不然，如果其中也有这么多真知灼见的话。

何以见得呢？证据就是，一直到现在，还有很多人沿用老祖母的方法，并不是因为大家不肯吸收新知，“市面上的书”谁敢不多少拜读一点？而是新的思想和观念总是敌不过旧的势力和习惯。所谓旧习惯，无非就是我们每个人从小所受到的教养；而旧势力，则从阿公阿嬷、到左邻右舍三姑六婆、兼及同学同事各种姐妹淘或兄弟帮，实在是如影随形无所不在。不要说几本书发挥不了作用，且看世界各地的华人，虽然身处完全不同的大环境，但只要同类相聚得够多，他们就连各式补习班都办起来了。

维宁最幸福的地方，就在于她是完全孤身一人深入敌营，身边连一个同胞的影子都没有。从长辈、家人、到同事、社区，清一色都是以色列人。她唯一要努力的，就是和自己的旧习惯中的各种偏见和意识相抗衡。然后，她把这些内心的最细致、最幽微、甚至不可告人的挣扎和思辨，一字不漏地、忠实地写给我们看，这和那些只给建议或教训的畅销书非常不同：任何人只要认真看这本书，就等于自己亲身经历了维宁的脱胎换骨的过程，脱胎换骨之后再来教养小孩，就不怕旧势力和旧习惯的侵袭了。

就拿所谓“学步车”来说，大部分育儿书里都会说那玩意儿根本无益于学步，甚至有害于行走机能的发展（当然，我不能保证没有类似“虎什么妈”的开倒车的书），但对于我们这儿的父母而言，恐怕是要透过像维宁这样的笔，看到别人怎样尽全力让小孩多在地上爬行——不但不急于学走，甚至用了各种方法要帮小孩爬得更顺利——

才能抵挡学步车的诱惑。再拿“感冒不必吃药”来说，不管医学专家怎样费尽唇舌，恐怕还是得有维宁这样现身说法，看她如何在“发烧七十二小时内不必看医生”的国度里挣扎，我们才能真的守住小孩的健康。

然而维宁这本书，并不仅仅是一本工具书，它字里行间的点点滴滴，到处都流露着人间的至情，这才是更重要的。人们常常误以为，重视小孩就得忽略大人，但维宁让我们看到，在以色列人们是如何“倾全村之力”来照顾一个孕妇。只是因为医生怎样都不肯给止吐剂（不符合孕妇用药的A级标准），就为了那不知是几百万分之一的畸形率，所有相关人等都得牵扯进来：准妈妈要请假住院，准爸爸要请假顾家，同事要负责送饭，还有公婆、邻居……莫不伸出援手，以便让得了“妊娠剧吐症”的孕妇可以安心地吐上两个月。有人喜欢给我们扣帽子，说“人本那一套，就是要累死爸妈或老师”。现在经过对比，我们就可以明白，说这种话的人根本上就是“自己不愿意帮忙，只想让小孩付出代价”——他们不是糊涂，他们真的是无情！真正的有情人，一定是有所付出。一旦有所付出，对于关系到他情之所钟的某些原则，就不会轻易让步：俯首甘为孺子牛的结果，总免不了要横眉冷对千夫指！

景美某国小曾有学生被罚跪长达一年之久，以至造成膝部永久性的伤害，在诉讼的过程里，学校还有人说“你们不了解老师的为难”。问题是，在这一年的时间里，每天看着同一个小孩跪在那里，全校竟然没有任何人愿意帮助一下那位“为难”的老师。对比一下本书中“打小孩的约瑟夫”的故事，我们就能洞穿那些假同情的嘴脸：那位“约”先生，无论在个人修养和道德上、还是程式设计的专业上，原本都得到大家的尊敬，只是因为打了小孩，又不肯好好认错，下场居然是——不但失去了公共部门的工作，走在路上也没有人理他。以华人的传统意识来看，这不是一种“歧视”吗？但维宁在“较好的一半”中说：我还以为你是反对体罚的呢……我们又没有对他丢石头，也没有不准人们和他说话，也没有逼他搬出社区……

这就要说到维宁这本书最重要的部分了：我还以为他会说“也没有把他关进集中营”。自从犹太人建立了自己的国家以来，全世界都等着看他们怎么复仇，而持续至今的以阿战争，也让即使抱持极度同情的人，也对他们不能完全放心。所以，维宁以一个常年生活在以色列的异族、又是一介平民的身份，写下这份第一手报导，就“人类到底能否化解歧见”以及“我们的本性到底将把我们带向何处”这些重大议题而言，实在是无比重要的资料。这本书的意义，绝对超越了教育、文化、社会制度等“他山之石”的层级。

当我看到维宁笔下的以色列人如何对待差异，无论是种族的、还是思想文化上的，包括要把那头咬了小孩的狼放归原野，我只能在心里急切地祈祷：但愿维宁看到的是以色列的全貌，而不是因为她身旁都是和她一样好的人，让她只看到那个国家里某个开明进步的一角！经历了多少世纪的那么多的苦难，犹太人在一旦强大之后，如果真的谨记那最质朴的原则“己所不欲勿施于人”，并努力将之付诸实现，即使暂时还只能在国内，也许暂时还不能完全达到理想……那也就表示，作为和他们同为人类的一分子，我们的将来一定也会很有希望！

※本文发表于《人本教育札记》第二七九期。

序三

不是文化，是选择的问题

人本教育基金会数学想想国总监　吴丽芬

妈妈要完全配合婴儿作息？定时叫醒婴儿喂奶是暴力行为？让小孩自己决定要不要吃饭也是教育？抱走受欺负的孩子对受害者不是帮助反而是惩罚？幼儿园里孩子集体咬人，法院是判校方“蓄意伤害”？家长在公共场所打小孩，竟受到社区委员会贴公告谴责？还有，如家的产房、完善专业的托婴中心、学前感统发展评估，以及快乐玩耍没有课业压力的幼儿园、平等的婆媳关系，等等。

以上是出现在以色列，这个华人不大熟悉的国度里的教育面貌，在这个犹太人建立的国家，还有更多不可思议的看法跟事件，会让看了本书的华人大感惊奇，“犹太人能，华人能不能？”

打从本书作者在《人本教育札记》月刊上开始撰写这一系列文章

开始，这个问题就经常是读者们讨论的话题，许多人感叹“文化不同啦，中国教育深受传统权威文化影响，改变不易”，然而，真是这样吗？

思辨能力比读书写字重要

全世界大概都公认犹太人聪明，诺贝尔奖得主中犹太人大概占了一半，这聪明难道是天生的吗？不，天底下没有什么民族是特别优秀的，但可以拥有让人变得比较优秀的文化跟教育，犹太人的教育传统确实值得了解。

传统上，犹太人重视的教育不是读书写字，而是思辨能力！自古以来，他们就会将讨论圣典过程中的不同意见整理成教材，以供教育之用，同时非常重视彼此讨论与答辩。因此，即便目前对圣典的诠释已有统一答案，但却在教育上确保了未来可能的改变，因为时代不同了，答案就可能改变。因此，“眼前的权威不一定永远都对”早成为犹太教育的重要传统价值观，而且深植家庭。犹太人无论在哪个国家，这种共同的家庭教育传统价值都没变。有一颗没那么容易驯服、懂得思辨的大脑，还能不聪明吗？

然而，犹太人建立自己的国家之后，更让人惊艳于他们真正的优秀，因为这个经常处于备战状态的国家，竟然强调民主教育，圣典允许鞭打孩子的民族竟然立法禁止体罚（包含学校及家庭），我看到拥抱传统的犹太人并非自己文化的俘虏，反而是改变文化的基因。

因此，“中国人能不能？”不是文化的问题，而是我们要选择什么价值的问题。我们的确受到过往教育以及传统文化的影响，但我们却不是传统文化教育的俘虏，我们有能力改变自己，只要我们选择——改变。

自序

除了在书上涂蜂蜜，犹太人还用什么方式教小孩？

吴维宁

在来到以色列，认识我的犹太老公（雅爸）之前，我对于犹太人的印象是很刻板的：大黑帽、保守、聪明、会赚钱、很重视小孩教育，会在书上涂蜂蜜以引诱小孩读书。印象中的犹太人很传统，印象中的以色列则是战乱不断。

认识雅爸是场美丽的邂逅，在我短短两个星期的以色列之旅中，我们相识，我们热恋。那时我才了解到，原来犹太人除了有脑子，他们的浪漫与热情也并不输给其他国家的男人。而我的老公，短发、白皮肤，跟我印象中长发戴黑帽、中亚脸孔的犹太人也不大一样。等到看到黑头发、黑皮肤的衣索比亚犹太人，这时我才知道，原来犹太人的脸孔与肤色有这么多种。

认识以色列则是另一场美丽的邂逅。原以为战乱不断的地区必定破旧穷困，以色列却是个民主自由而富裕美丽的国家。特拉维夫白城的典雅、地中海沙滩的比基尼美女、耶路撒冷哭墙的古老历史……实在让人惊叹。

在建国六十年内，这个国家的政府与人民携手让经济成长了50倍，2010年国民平均所得（GDP）为26874美元，2011年3月份的平均月薪为8996谢克尔（约合72000新台币）。以色列的生化、制药、医疗、高科技、农业与水处理等产业，都领先全球。

以色列是个以犹太人为主的民主国家，也是个相当成功的国家。而所有的人都会告诉你，这个国内只有一条河流，60%面积为沙漠的国家，成功的原因是：教育！

让我惊讶的以色列教育

决定跟雅爸“执子之手，与子偕老”之后，我要求雅爸带我去参观以色列的教育系统。那一天，我们去参观了幼儿园。原以为会看到小孩排排坐，摇头晃脑读圣经的我，却看到了小班的小孩穿着尿布，坐在洗澡盆里快乐地玩水跟唱歌。中大班的幼儿园内没有黑板跟识字板，小孩没有回家功课跟联络簿，整天的作息表就是“玩耍、玩耍、玩耍”。

那天是我跟以色列教育的美丽邂逅。幼儿园充满着孩子的嬉笑与调皮的吵闹声，小孩在户外院子里爬树、在沙坑做沙城堡、在玩具屋里扮家家酒，伴着绿树、蓝天，让人看到这样的场景也跟着想笑。那时我才知道，原来以色列的教育是如此开放自由的教育，而且他们并没有我想象中的重视学前智育教育啊！

爱·尊重·做自己

但是，如果只是开放自由的教育，如何养出可以面对战争的优秀军队？如何培养出不断获得诺贝尔奖的优秀脑袋？如何让欧美科技大厂（包括思英特尔、Google、思科、惠普、摩托罗拉、苹果等）心甘情愿冒着战争的风险，为了使用犹太人的脑力而在以色列设置大型研发中心？

在这里怀孕、生子、工作、养小孩，我边走、边看、边学、边想。小孩一一进入以色列的教育系统后，我惊讶地发现，犹太人并不把识字、算数视为是学前教育的重点，而在台湾地区时常听到大家讨论的犹太人赚钱理财方式，更是教育的细枝末节。

我注意到，以色列的教育，是爱的教育。以色列在2000年成为全球第十个禁止父母体罚小孩的国家，学校的体罚更是早早就已经禁止了。因为大人不体罚小孩，父母跟老师努力地寻找各种更好的教养方式跟教养工具，更努力地跟小孩沟通。

我注意到，以色列的教育，要求父母要从小孩生下来的那一刻起，尊重他的个性与气质，给予小孩最大的自由跟空间。他们十分相信，只有这样的环境，才能让父母真正“看到”小孩的资质与气质，这样才能顺着小孩的天性教养小孩，正确地协助小孩。

我还注意到，以色列的教育，不在乎起步的缓慢和混乱。他们让宝宝自己吃饭、在地上慢慢爬，让儿童吵闹，让青少年无理。加上不体罚，不滥用权威，从小孩可以开口表达自己后，大人就得面对小孩无止境的“为什么”以及“可是”。他们认为保持孩子的好奇心跟不畏权威的态度，可以让孩子对知识充满热情，对创新充满兴趣。

终于，我了解到，以色列教育的目标，是要让每个小孩都做自己。以色列教育中的爱与开放、尊重与自由、给予缓慢和混乱的空间……都是为了要协助小孩学习自己、了解自己。他们相信孩子愈了解自己，在将来就愈能够找到自己要做的事情及在社会上的位置，进而发展自己的潜能、克服自己的弱点，使自我得以实现。

这样说起来很抽象吗？所以，我写了这本书。书中的每一篇文章都是我亲身经历过的小故事。这些故事里没有太多的数据跟理论，有的是这里的人情世故、人们相处的气息和我在这里养儿育女的心情。希望通过这些故事，能让以色列人对教育的想法与做法，有较具体而鲜活的呈现，满足所有想要了解现代犹太教育的读者的好奇心。

希望您也可以跟我的书有一场美丽的邂逅！

第1篇

我在以色列生了三个孩子

要谈在以色列养小孩的事情，一定要从怀孕、生产开始谈。从这个点开始，我们可以看到，以色列的社会是多么的爱孩子，也因为他们如此地爱孩子，他们爱屋及乌地照顾孕妇、产妇……

公主的月亮——有谁比小孩更了解自己？

长女小雅上了幼儿园中班后，喜欢上《公主的月亮》这个故事。故事的内容是一个生病的公主，要求国王父亲帮她把月亮摘下来给她，这样她的病才会好。国王找了全国最聪明的大臣与智者齐聚一堂，大家都想不到对策，没有人知道如何把远在天边的月亮摘下来。只有那个平常只会逗人笑的小丑，想到了解决的办法——既然是公主的问题，自然应该要问公主解决的方式，所以他找到了公主，问公主要如何把月亮摘下来……

我常常会跟雅爸说："小雅真是个艺术家啊！"这句话半是认真，半是开玩笑。

小雅聪明、迷人、专心、学习力强、友善、画画一级棒，但她的个性也强，偶尔会闹情绪。从小班开始，老师就叫她"小辣椒"，因为她平常什么都好，坏就坏在那偶尔的闹情绪，一发作就天崩地裂，凄风苦雨。大人们往往得花上半个小时，才能把她的情绪安抚下来。

我跟雅爸都是好静、情绪平稳的人，我们两个也几乎不吵架。然而两个安静平稳的人，还是会生出火山般的小孩。小雅从小爱闹爱叫，等她大一点不尖叫了，却开始哭闹；再大一点，则是会一碰到她不能接受的状况就生气大哭。她的情绪问题一直让我跟雅爸伤透脑筋，而且不同的时期，还会发展出不同的新问题，让我跟雅爸常有措手不及的感觉。

小雅的幼儿园是中大班合并，升上中班的那一年，班上从原本的9个小孩变成22个小孩，小雅也从原本班上年纪最大的小孩变成年纪中间的小孩。开学后，她的情绪状况变得愈来愈不稳定。小雅是个完美主义者，她要求自己行为良好，也要求其他同学如此。回到家总是跟我们哭诉大班的小孩行为不好，或是他们跑来跟她说她画的画不好看。

吵闹就有糖吃？

我跟雅爸都知道这是过渡期，她刚刚换班，需要重新寻找她在班上的位置。但她发脾气的频率愈来愈高，到最后只要一不顺她的心意，她就发飙。我们跟幼儿园的园长会谈，园长也只是要我们充满耐心、多给她空间、多抱她亲她，她要发脾气就让她发作，发完后再好好跟她谈。

事后好好跟她谈的这件事，雅爸做得非常好。雅爸甚至有注意到小雅很多的情绪是来自于不知要如何面对其他同学的坏行为，像是同学跟她说：“你今天穿得真难看”、“画得这么丑”这样的话，她会因为受伤而发脾气，却不知要如何应答。雅爸花了很多时间一项一项地教她，教她在面对挑衅时要冷静，要对自己有信心，也教她别人讲了不好听的话时要怎么回话。我常会在雅爸帮小雅洗澡时听到雅爸问小雅：“如果有人跟你说你做的美工真难看，那你要怎么回答他？”我后来也从雅爸身上学到这一招，有事没事就跟小雅做“实战训练”。

但在小雅闹情绪的当下，我们就一直处理得很不好，也一直很疑惑。我跟雅爸都是“愈哭愈不理”的父母，而且是“吵闹就没有糖吃”。我常得在跟她出门的路上警告她：如果不停止哭闹我们就回家。而十次中有八次会以回家收场。做这件事对于老二其实不大公平，我们也常觉得老二莫名其妙地被“连坐”了。本来一家人高高兴兴地要去海边玩耍，可是因为小雅坚持要听的某音乐电台，收音效果不好被雅爸转台，她就哭闹不停，所以生气的雅爸决定转车头回家。而这个回家的决定，通常会让小雅哭得更严重，但至少，回到家之后，她可以在自己的房间里哭个够。

每次我把哭泣后跟我们道歉的小雅搂在怀里，都会很心疼，觉得这样的个性会让她长大后很吃亏、很辛苦。

有很长的一段时间，我跟雅爸都一直想着：在她闹情绪的那一刻，我们应该怎么做、可以怎么做。因为不可能事事顺着她的意，所以不可能避免掉那个冲突点，也不可能在冲突点上让步，那不就变成"吵闹就有糖吃"了？所以如果她继续闹情绪，我们也得守住我们的原则，这至少是我们能做的事情，不是吗？

哭闹的情况就这样一直持续着。雅爸跟我开始做实战训练之后，她闹情绪的次数有明显减少，但情绪发作的当下，还是很让人烦恼。

孩子，我真的很抱歉

直到那个傍晚，我跟小雅走路去公婆家的路上……

那天我们从公园要走路去公婆家。小雅在公园玩疯了不肯离开，我催她催了几次后，她臭着脸跟我离开，然后在我身旁说："妈妈真是讨人厌。"

我一听也火了，很生气地跟她说："我们事前就约好时间到了要去祖母家，是你不守约，怎么反而骂起我来了？”

她一听到我这么说，还是很不识相地说：“可是我才玩到一半……”更是严重地哭闹了起来。

看到她又开始发脾气，我劝说半天后，很严肃地跟她说：“小雅，你如果不停止哭泣，我们就回家去，我不带哭泣的小孩去祖母家。”这样跟她说了三次之后，她突然望着我，努力地控制哭泣，抽抽噎噎跟我说：“可是我控制不了，我停不下来！”说完，她忍受不了受挫折的情绪，再度放声大哭。

她说这句话时很小声，很不清楚，但对我而言却是如雷贯耳，我愣了一下，把大哭中的小雅拥入怀中。我感觉到一股热潮从胸间上升到脸颊，开始觉得自己很丢脸，觉得对小雅很抱歉。

原来，每次我们的劝说让她哭得更大声，不是因为她不听劝、不甘心，而是她想告诉我们她的想法，也急着要把自己稳定下来却做不到，反而更加心急而激动。我跟雅爸只想着坚守教养原则，却忘了她只是个五岁多的小女孩，她不大会控制自己的情绪，她需要帮助。

我很高兴小雅说出了自己的状况，高兴她如此了解自己。后来跟幼儿园老师谈起，她建议我们可以在小雅闹脾气的当下，教小雅跟我们一起深呼吸，看看能不能帮助她。

这招还不错，我们跟小雅成功地做了几次。但这只有在她脾气不大时才有用处。只要情绪完全地掀起来，她听不下话，也不可能跟着我们做深呼吸。

我们还需要再想其他的方式。

有谁比小孩更了解自己呢！

一个晚上，我念完《公主的月亮》给小雅听之后，突然灵机一动，转口问小雅："小雅啊，你觉得你在发脾气时，阿爸或妈妈可以怎么帮助你？你要如何才比较容易平静得下来？"

小雅望着我，认真地想了一下后说："我生气时如果你也生气，我就会很担心地一直哭，我希望你或阿爸留在我身旁，抱着我，不要留我一个人在房间里，我会觉得好孤单。"她说着说着，就快要哭了出来。

太好了！我的直觉是对的，我早该问问小雅她的感觉跟想法。我跟雅爸总以为让她自己哭到够再来处理是比较好的方式，以为她年纪不大讲不清楚她的感觉，所以从来没有想过应该问问她，她怎么看待自己的情绪问题。

真的是自以为是又舍近求远啊！我们自以为是开放包容的父母、我们到处询问儿童专家的意见，却忘了五六岁的小孩其实很了解自己的需要，而且他们已经有能力把自己的感觉说得很清楚。

“除了抱着你，陪着你，还有其他可以帮助你的吗？”我继续问：“有时你很激动、很生气，并不愿意让我们抱。”

她想了想又说：“那就让我尖叫几分钟，或我出门去跑几圈，或是，妈妈，你陪我一起尖叫。”她一边说一边露出狡猾逗趣的笑容。

“陪你一起大哭好不好？”我摸摸她，也笑了。

果然，解铃还须系铃人啊！从此之后，我跟雅爸再也不使用“硬碰硬”的方式对待小雅：她高亢，我们就低调；她推，我们就拉。拥抱、陪伴跟偶尔搞笑地大叫，十分有效地缩短了她脾气发作的时间跟规模。小雅也因为父母的了解与爱，愈加的自信和满足，表现愈来愈好。这时我跟雅爸才知道，我们之前以为是对的做法，反而是火上加油。

所以，我真的要说：有谁比小孩更了解自己呢？如果给小孩说清楚自己感觉的机会，又有什么天大的问题不能处理？

养出认识自己的小孩

以色列的教育目标之一，是教会小孩认识自己，了解自己。为了达成这个目标，他们不打小孩，不求快。他们要求父母要从一开始配合新生儿的作息，要求父母要让宝宝自己吃饭、让宝宝多爬行，要给小孩最大的自由空间，让小孩多跟其他小孩玩耍、多面对冲突，让小孩做自己……

我自己成长在一个充满说教与权威的环境里，所以常常怀疑这样开放自由的环境，真的能够养出认识自己的小孩来吗？怀疑小孩还没有发展出自我时，又要如何做自己？这次小雅的事件，足足帮我上了好大的一堂课，让我了解到被爱、被需要、不管说出什么话都被包容的环境，是真的可以培养出有自我又自信的孩子来。也让我进一步地了解为什么这里的人总是要我慢一点、耐心一点，不要要求孩子太快、太多，要多听小孩说话。

小雅的个性是天生带来的，不可能完全地改变她，也不可能假装不存在。但现在我开始有比较多的信心，在这样的教育环境下，她会愈来愈了解自己，她跟我们也可以一起努力，通过沟通跟彼此帮助的方式，渐渐地找出自我控制的方式。

《公主的月亮》中公主精确地说出月亮的大小与材质，最后摸着胸前的月亮项链，心满意足地睡着。

我望着窗外的月亮，想着那天小雅自己跟我提出解决办法时的笑容，我想，今晚我也可以好好地睡一觉了！

认识我的陌生人女儿

经历阵痛、剖腹产，四天后带着新生宝宝回到家，把宝宝抱进新搭好的婴儿床之后，我跟雅爸面面相觑，心中没有问出来的问题是："接下来呢？我们要做什么？"

我来到以色列后念了一年的语言学校，凭着半调子的希伯来文，在幼儿园找了个工作。我工作的幼儿园分为五个园，从三个月到六岁。也是因为希伯来文还是半调子，为了不误人子弟，我在面试时跟园长自告奋勇带小班（两到三岁的小孩），也愿意在需要时，借调到托婴中心（三个月到一岁）帮忙。我在台湾时是高中老师，也曾在教育行政部门工作过，台湾的朋友感叹我从掌理、辅佐台湾教育政策大事，"沦落"到天涯边际的沙漠擦小孩鼻涕、换尿布，不禁替我的"大材小用"抱不平。而我，对这样的转变，倒是非常自得其乐。

正式成为“以色列妈妈”

说真的，不管我在台湾对于重大教育政策有多么熟悉，在养小孩这件事情上，我却是完全的新手。加上早就知道生产后不会有其他家人陪在身旁，托婴中心的工作对于我“预备”自己做个妈妈，帮助极大。

刚生了长女小雅之后，还是新手妈妈的我在医院帮宝宝换尿布、衣服的动作，有如军队操练一样快速而正确无比，碰到宝宝哭闹时也不会慌张失措。这让育婴室的护士们啧啧称奇。

当然，托婴中心给我的训练不只如此。生老大之前的一年半里，我很认真地学习教养婴幼儿的方式，像是如何帮宝宝洗澡、哄她睡觉，如何帮助宝宝建立每日的时间表，如何喂食副食品，如何从宝宝的哭声与行为中分辨他是累了、饿了或不舒服。怀孕后，为了“入乡随俗”，我也认真地询问了园长，希望她提供我养育知识，让我可以成为一个合格的以色列妈妈。隔天，园长就买了本800页的育儿书给我。她告诉我这本出自英国作家、全球卖了700万本的养育书，也在以色列大为流行，到目前仍然被以色列的幼教界以及父母们视为新手父母必读之书。

是的，不用怀疑，这个战火连年、全民皆兵的中东国家，对小孩的养育完全是欧美的那一套，甚至我还认为是有过之而无不及的自由放任。原因非常简单：在1948年建国的以色列，当时的人口除了建国前就住在这里的犹太人及阿拉伯人、因中东战争而从阿拉伯国家逃出来的犹太人之外，最多的就是在欧洲二战时集中营中幸存的犹太人。欧洲犹太人在建国后，凭着原有的文化资本及知识，很快地掌握了这个多元文化国家中的政治、经济势力，自然而然的，也把原籍国家中的教育方式也给带了过来。

婴儿回家，才是挑战的开始

但是，不管准备有多么周全，我仍然还是会担心跟害怕。

一来是，我可是把小孩生了出来才第一次看到她。在托婴中心工作时，我对工作内容充满高度的热忱跟兴趣，但那是来自于想了解“人是怎么发展”的好奇，而不是因为自己是个充满母爱、看到宝宝就觉得好可爱的人。

再来，在医院时虽然可以“母婴同室”，但我晚上想好好睡觉时仍然可以把宝宝推回育婴室。而且，有人帮她洗澡，有人帮她换尿布。

我有任何的问题都有人可以问，可以处理。但到回家后只有我——雅爸要上班，而且他可没有受过相关工作的训练。宝宝小小的一点点，只会哭，不会说话，自己从此得24小时陪着她，百分之百负责她的安全跟成长啊！

回家的第一天，把宝宝放进新搭好的婴儿床之后，我跟雅爸面面相觑，心中没有问出来的问题是："接下来呢？我们要做什么？"

我跟雅爸都是"慢熟"的人，甚至对于从自己肚子里生出来的宝宝也是一样。以前不认识，没有相处过，不了解对方的个性，很难告诉自己说："我好爱她！"而我们可以做的，则是从今天起开始好好认识我们的陌生人女儿。

了解宝宝的个性与气质

那要怎么认识我们的陌生人女儿、跟她建立关系、了解她的需要跟习性呢？

来以色列之前，我一直以为宝宝是白纸一张，父母怎么教，宝宝就会变成怎么样的人，所以宝宝要定时吃、吃定量、定时睡、尽量不要抱，这样才会养成良好的习惯。而我之前也常听到有人会赞美配合度好的宝宝是"孝顺"，配合度不好的宝宝是"搞怪"或是"来讨债”的。

而以色列的幼教跟社会，则是用非常科学理性的态度在面对宝宝。托婴中心的工作让我了解到每个宝宝都有自己天生的气质——气质来自于“基因”。在受孕的那一刻，宝宝的很多特质（像是吃多或吃少、睡多或睡少、身高、害羞或大方……）都已经注定。父母当然可以通过教育做调整，让睡少的小孩睡多一点，让害羞的小孩变得大方一点，但要把小孩做360度的大改变是很困难，而且是没有必要的。

也由于每个宝宝个性与气质不同，以色列幼教认为要做调整之前，要先了解新生儿的习性，而最快速的方式就是在不干预他作息的状况下观察他的需要。也就是说，面对新生儿，以色列幼教的态度是：宝宝饿了就吃、睡了不要吵醒他，不要干预宝宝的睡眠跟吃奶频率与食量。

而要不干预宝宝的作息，意思就是做妈的得完全配合他的作息——他饿了就要喂奶、白天睡觉要让他睡。当然，讲理论是比较容易的，等到自己要做时，就没有那么容易了。

刚回到家时，老大小雅大部分的时间都在睡觉，我趁着她睡觉上网、待客、打扫家里，等到夜深人静我极度困顿时，她却开始清醒，要吃饭、玩耍、上大号、肚子不舒服。再加上她不能一次睡长时间，每三四个小时要起床吃一次奶，吃完奶还要玩个一两个小时才要睡，所以回家3天后，在极度疲倦之下，我几十年来“白天活动、晚上睡觉”的规律生活从此结束，开始了她睡我就睡、白天不接电话、不接访客、家事能不做就不做、全心全意“为宝宝而活”的日子。还要工作的老公，则一手扛起采买、煮饭、擦地、半夜起床帮我照顾小孩等家务活。一直到第二个月开始，我们才逐渐在摸清楚她大概的时间表下，开始出门散步、访客、吃饭……一步步地重建自己及家庭生活。

这种时候真的让人觉得，如果可以定时定量地喂宝宝、宝宝可以半夜不吵闹是多么让人高兴的事情。也可以了解为什么很多家长在碰到哭啼不停的宝宝时会骂他是来讨债的！

然而，这些辛苦的日子里，我用心回应她的需求、配合她的时间表来了解她的个性及习惯，却不知不觉地养成了“站在她的立场”替她想的思考方式，也因此对于以色列幼教的这个理论有了进一步的体会。

全力配合新生儿的作息

我觉得，从一个人变成两个人的生活，本来就要相互妥协。不过，对方如果是可以沟通、有自主能力的大人，妥协的部分可以少一点、要求可以多一点，毕竟，合不来可以拉倒。就像谈恋爱需要时间相互认识，养小孩也是。但当对方是个什么都不懂、完全依赖本能生存的婴儿，“认识”她/他最快的方式，就是大人先放弃自己的生活一阵子——大人累一点、饿一下、少见一下朋友又不会死，没什么道理要求新生儿配合你的生活习惯而受折磨。

再说，不认识、不了解自己的小孩前，怎么知道怎么做对他比较好？四个小时吃一次奶、爱哭就让他哭到够，这种一体适用的生活方式，到底是为了小孩好？还是为了大人自身的方便？

终究，这个理论除了科学解释之外，更重要的哲学基础是把宝宝当成有自己性格跟需要的人吧？如果不能从一开始把婴儿当成有独立人格的个体，反而用孝不孝顺、搞不搞怪这种以父母为主体、子女不管有没有能力、能不能理解都要配合大人的方式来看待，将来父母又如何了解孩子其实是有自己的个性跟需要的？

令人头痛的老大情结

手足之情是十分珍贵而难以取代的情谊。然而父母，特别是妈妈，总是会特别照顾家里最小的小孩。所以当老二诞生后，如何让原本“集三千宠爱在一身”的老大适应跟接受，进而爱护、照顾家中的新成员，真的是很大的一门学问……

自从怀了老二之后，邻居们除了道恭喜之外，看到我，也不停地提醒我要“预备老大”。

为什么老大需要预备呢？大家大致上的意思是，老二的出现对于老大而言，是人生一大冲击。因为老大通常数年独享父母的疼爱，新生儿难免会使他出现不安全感，由此而生恐惧、愤怒的情绪，因此，嫉妒、暴力、不听话、退缩、退化等出自“老大情结”的行为，就会交替出现。如果父母及长辈处理不得当，有些老大竟然可能终生对老二的来临无法释怀。换言之，老大情结多少会影响亲子关系，更影响手足关系，以及老大与同侪的相处关系。

我住的社区，邻居以早婚为多，大家经验丰富又热心，每次看到带着小雅、肚子微凸的我，就忍不住聊起当年他们生老二后，老大的种种可怕事迹。例如我的大侄女两岁半时，妹妹出生，她变得很不听话又爱哭，常常会趁父母不注意时偷打妹妹。有天早上她睡醒后，自己爬上了妹妹的床，吓坏了她的父母，“她平常对妹妹如此的不友善，我们很怕她做了什么呢。”我大叔这样对我说。另一个妈妈告诉我，她家老二出生后，老大从原来已会走路，倒退为四肢在地上爬，要东西时用哼的不用讲的，还要求要用奶瓶喝奶……妈妈要求老大表现得像个大小孩，老大就会躺在地上哭闹，不然就说他是个宝宝，他不要长大……

故事听多了，我跟雅爸决定认真地面对小雅将来可能有的老大情结，开始预备她。

为什么妹妹可以陪妈妈？

我们买了相关的故事书，每晚念给小雅听，向她介绍“宝宝”是怎么一回事，以及她要做姐姐这件事是多么值得骄傲的事。我们买了大洋娃娃给她，告诉她宝宝是很容易受伤的，不能扯头发或拉手臂，如果宝宝哭了，千万不要拿任何东西给她，而是要去叫爸妈来照顾……我们带着她一起打理宝宝的新房间，一起买宝宝的用品。随着生产时间的逼近，小雅的幼儿园园长也在幼儿园加入了许多相关的课程，跟小朋友介绍什么是“新生儿”、家里有新生儿要注意什么，以及宝宝很需要父母，特别是妈妈等。

生产前，我觉得我们该教的都已教了，信心满满，觉得可以把小雅的老大情结降到最低，便跟雅爸与小雅一起满心欢喜地迎接新生命的到来。没想到的是，宝宝才刚出生、雅妈我还在医院，小雅的老大情结就发作了！

跟雅爸一块儿到医院看我及宝宝的小雅，在访客时间过后一直不肯离去。她完全不能了解“为什么妹妹可以在医院陪妈妈，而我不可以？”她在病房大哭，惊动了隔床的妈妈与来探望的家人，经过护士、隔房妈妈的好心亲戚、雅爸以及雅妈我轮番的劝说及解释后，小雅终于愿意回家。

“结果她一上车，又开始哭，一直要妈妈回家，一路哭了40分钟！”雅爸后来这样告诉我。

这件事让还在医院的我了解到，老大情结不是这么容易处理的事情，我之前想得太简单了！也开始担心宝宝真正回到家后，生产完体力不是很好的我，如何应对情绪也不好的小雅。

做姐姐了，好棒！

从医院回家的当天，车子开进停车场时，我远远看到婆婆带着小雅放学回家，小雅一副兴高采烈、意气风发的小大人样。看到我之后，漾开笑容的跑向我，给了我一个大拥抱，然后还给了宝宝一个吻，让我十分高兴又吃惊。

“妈妈你看，我从今天开始是大姐姐了！”她指着挂在身上的纸牌，十分骄傲地告诉我。

原来幼儿园园长知道今天我跟宝宝要回家，在幼儿园的“桌上时间”，大家合做了一张大贺卡送给小雅，恭喜她成为姐姐。园长另外做了一个“金牌”，上面写着“我是姐姐”，在所有小孩面前为她戴上，让她戴一整天。婆婆也告诉我，回家路上很多邻居及同学的父母看到那个金牌，都特地过来恭喜小雅。她整天受到许多注目及关心，很是高兴及得意。

吃惊的事情不只如此。回家后的一两个星期，朋友开始陆续来访。有趣的是他们不只带着给宝宝的礼物，也带着给小雅的礼物。而且进门后都是先招呼了小雅，给了小雅礼物，恭喜她做了姐姐后，才去看宝宝。情绪先被大家照顾到的小雅，早以姐姐自居，带着客人去参观宝宝的房间，骄傲地跟大家介绍：“那是我妹妹。”

由于幼儿园园长与朋友们体贴、正确的做法，协助了我跟雅爸渡过了第一个小难关，让小雅一开始就顺利而安稳地接纳了家里的新成员，我到现在仍是衷心感激。

不用做100分的父母

然而，蜜月期过了之后，小雅的老大情结又出现了。

说实在的，小雅对待宝宝的态度非常友善，而且十分愿意亲近她。雅爸也常让小雅抱着宝宝，满足她做大姐姐的心情。偶尔小雅接近宝宝的动作比较粗鲁，被我们制止，她也没有什么太大的反应，甚至宝宝哭了时，她还会来拉我要我去看宝宝。

问题是出在我跟小雅的互动上。

回家后，我拖着手术产后的身体，开始照顾宝宝。宝宝很大，频频要吃奶，所以开始的一两个月，我除了吃、睡、喂奶之外，真的没有太多时间可以陪小雅。我本来想，没有妈妈，爸爸可是全程陪着，公园、游泳池、动物园、祖父母家……哪里也没少去了，哪里也没少玩了，回到家妈妈抽空念睡前故事、唱安眠曲，这样还不够？然而小雅在我面前的行为举止，却是愈来愈坏、愈来愈退化。

只要谁没顺了她的意，小雅就躺在地上哭泣；吃饭时又开始吃得整个桌子到处都是；叫她去上厕所不去，尿在裤子上……基本上，凡是我请她做一件事，她不是故意不做，就是唱反调。我因为身心疲乏，没有耐心每次跟她打哈哈，所以大声制止她的次数愈来愈多，小雅也就愈来愈生气……母女关系常常在沸点上打转。

有一天，小雅幼儿园的园长打电话来跟我谈小雅在园里的退化行为，我忍不住跟她起了诉苦。

我告诉她，我觉得我是很认真的妈妈，而且功课也都做了：对于小雅的事前预备、不比较、不责备、抽空陪小雅，也每天抱她、亲她，让她帮我拿宝宝的衣服、尿布等，让她觉得自己长大了，是个姐姐……所有书上写的、我想到的，我都做了。为什么还是这样呢？我实在快要崩溃了。

园长听完了后，停了三秒，接着开口告诉我："雅妈，你会不会给自己压力太大了？你不用坚持做100分的妈妈啊！小孩有老大情结是正常的事情，他们也需要时间调适。父母要做的是不要让老大情结的状况雪上加霜，而不是想办法完全避免掉。如果期待要完全避免掉，恐怕你跟小雅都会有很大的压力。"

妈妈要先照顾好自己的情绪及需要！

为了了解我跟小雅的问题所在，幼儿园园长决定带着她刚上小学的小儿子来我家拜访、吃顿晚饭，以便有足够的时间观看我跟小雅的互动。

一开始他们一起画画，之后要去小雅房间玩时，我请小雅先把画笔收好。但玩疯了的小雅根本没听进去，就跑去自己的房间拿玩具“现”给大哥哥看。我很不高兴地跟到房间，要她放下玩具去收拾，她一开始还不肯，后来我大声了一点，她也很不高兴地收拾……之后状况大概也都是如此，我总是抱着宝宝，跟在她身后一直碎碎念。这样到了晚餐，小雅吃饭又吃得到处都是，我要求她把碗放在脸部的正下方吃，她听到后，干脆把整个脸贴在白饭碗的上方，不吃了。我看了很生气，跟她两个人就僵在那里……后来园长帮忙哄她，转移了她的注意力，让大家顺利把晚饭吃完。

隔天园长打电话给我，先是大大赞美了小雅与宝宝的互动，表示我跟雅爸做得很好，小雅并不大妒忌宝宝，也不觉得宝宝的到来让她失去了父母的爱。

“但是，”她话锋一转，“小雅的行为是在跟你讨爱，这代表你跟她相处得不够，而且她明显感受到你对于双子家庭的不良情绪：不耐烦、疲累及焦虑。你把这些情绪都转移到她身上去了，所以小雅就表现出来给你看。”

“啊！”听她这样说，我好像有些懂了。

“第一，你因为太疲惫了，没有真正陪到小雅，就算做到书上说的两人独处时间，相处品质也不好。”园长说。这个我接受，因为每次念故事时，我都已精疲力尽，有时小雅插话要跟我讨论，都被我阻止。我也真的只想赶快念完，再去喂宝宝，这样我才能休息。

“第二，你犯了很多新双子父母会犯的错：对老大太严厉！很多父母在老二出生后，就开始要求老大快快长大，这样他们才有力气照顾老二。虽然小雅已经有生活自主能力，但她毕竟才3岁，很多事情都还在学习与适应。你不能因为老二出生，就认为小雅可以马上变成大小孩，能自己收拾、能吃饭像个淑女……她还是个小宝宝啊！”园长一针见血地说，“而且你整天只给她负面的情绪与语言，她会很有压力的。所以，雅妈，我建议你先照顾自己的情绪及需要，然后重新安排照顾小孩的时间表。”

园长的话提醒了我，让我回想当天他们来访的状况。我问我自己，如果不是因为有老二，如果不是因为我总是疲惫不堪，我会那么希望小雅一玩完就把东西收好吗？我会因为她一时不听话就大发脾气，或跟在背后一直碎碎念吗？我对她如此的焦虑与生气，却又自以为错的是她，难怪我找不出问题所在。

永无止境的老大情结

了解症结后，要解开就容易一些。我重新检视每天的时间表，看看能否安排得比较好。跟雅爸详细讨论后，决定我不再念小雅的睡前故事，而是陪她洗澡。

以前，两个小孩都是八点半一起进各自的浴室，而我总是挂念宝宝洗完澡后还要喂奶，所以常常会催着正在浴缸里的小雅快快起身，之后故事也是快快念完就算了。如果我能跟小雅一起洗澡，一来解决了我每天半夜才有时间洗澡的问题，二来我跟小雅可以轻轻松松地在浴缸聊天玩耍，等雅爸把宝宝擦完乳液、穿好衣服再跟我换手，他接着打点小雅及念睡前故事，我去喂宝宝，这样宝宝也可以早点睡，我也可以早点休息。

另外，雅爸也同意在我自觉状况不好时，由他全权接手。

“我有妈妈可以帮忙。”雅爸挤眉弄眼地说。

从此，一周内有两三天，雅爸在下午时间带着两个小孩去拜访祖父母，让我有一两个小时的“自由时间”。而晚上跟小雅一起洗澡时，因为我也不赶时间，也没有那么累，两个人总是可以玩得嘻嘻哈哈的。正向互动开启后，我也不再没事就对她大呼小叫，她也不会总是要跟我唱反调。

如此过了一个月，园长高兴地跟我说，小雅在幼儿园的表现又开始“恢复正常”，又是个大家的大姐头及小老师了。

“我终于安稳地渡过小雅的老大情结了。”我松了一口气说。

“哈，雅妈，没那么容易，”园长提醒我，“等到宝宝开始会爬，会去抢小雅手上的玩具、撕掉小雅用心画的画时，下一轮战争就又要开始了。因为宝宝什么都不知道，父母通常不会怪老二，所以老大又会觉得父母偏心，一个处理不好，老大情结又会被激发喔！”

啊！原来，对抗老大情结是一辈子的事情，需要有长期抗战的耐力与毅力啊！

为孩子多绕点路

总以为自己是个懂得照顾小孩、体贴小孩的好妈妈。怎知我并没有真正克服掉“大人本位”这个问题。大人心中想的是食物、时间，而小孩在意的却是那些长得像蛤蜊的贝壳。若不能让自己慢下来，用孩子的眼睛看世界，又如何能够真的了解孩子的感受、孩子的需求？

趁着犹太新年假期，我们一家人开车载着雅爸多年的朋友，来到了中部的小镇阿斯克隆（Ashkelon）拜访朋友的父母。

十月份的以色列，艳阳高照。我们带着两个小小孩，除了在朋友家闲逛及购物、参加了叶门犹太人的礼拜堂活动，自然也要到海边玩耍。阿斯克隆靠地中海，有着美丽的白细沙海滩，以及蓝蓝相连的天空及海平面，而且海面平静，波浪轻摇。第一天我们在海边玩到夕阳把大海染红了之后才离开，离开前，小雅吵着隔天中午回家之前，要再来海边捡贝壳。

说实在的，我不知这里的贝壳有什么好值得收集的。我跟小雅在海边伸手摸了半天，都是扇贝类的贝壳，跟家里吃的蛤蜊汤里的剩壳差不多，只是颜色偏橘色一点，我在台湾东西部海岸常发现的螺旋状、多板状及浅帽状贝壳，这里都没有。

但对于出生后就住在沙漠里，玩水也都是在游泳池里的小雅而言，双贝类贝壳却宛如珍宝，让她爱不释手。我们捡了一大袋，捡到日正当中、超过我们预期的时间，妹妹开始肚子饿得哇哇叫，她才满足地跟着我们赶回朋友家洗澡、收行李。

阿爸带你回海边再捡一次贝壳

等洗好澡、清理完从海边带回的沙子、收完行李后，下楼跟朋友的父母道别时，小雅突然发现贝壳不见了！她的直接反应就是号啕大哭，眼泪跟珍珠一样一串串地流下，嘴里不停地喊着要贝壳。雅爸跟我思索着可能遗失的地点后，雅爸带着她回原来的房间寻找，其他人也帮忙在客厅及户外到处搜寻。大家几乎连垃圾桶都翻过来找了，就是找不到那一袋奇异失踪的贝壳。

跟着雅爸回到客厅的小雅，仍然持续哭泣中，眼泪还是成串成串地掉，看起来还是很难过，不管大家如何安慰都没有用处。

雅爸抬起了头望着我，似乎是在询问我该如何处理这个状况。

那时是下午一点钟了，习惯中午十二点就吃饭、一点就睡午觉的妹妹被我塞了一点点饼干，又饿又累、很不高兴地坐在婴儿椅上。回去的车程有五到六个小时，再加上还要吃中餐，天黑前几乎是赶不回家了。而雅爸的眼睛有一只眼弱视，虽然不妨碍平日开车、作息，但摸着黑开山路回家多少有些吃力，我打从心里不希望这个状况发生。

所以，如果要问我，我心中的答案是：“就让她哭吧！咱们还是赶快回家比较重要。”反正小孩的情绪一下就过了，说不定等一下就忘了有贝壳这件事，大人那么认真做什么？再说，这不是人生吗？人生本来就有很多无奈又没有办法处理的事情，让她学习也不错啊。我跟雅爸两个人没骂她没好好拿着袋子就已经够好了，不是吗？

话还没有说出口，雅爸却像是下了决心一样，低头跟小雅说：“阿爸带你回海边再捡一次贝壳！”

听到这句话，小雅马上就破涕为笑。既然雅爸已经跟小孩做了承诺，我也不好再说什么。我们告别朋友的父母，快速地上车前往海边。车子开动前，朋友的妈妈追了出来，拿了个塑胶盒给小雅，告诉她这次捡好贝壳要放在盒子里收好，不要再掉了。

开车后，雅爸突然想到什么似的转头过来问我：“我这样会不会太宠小孩了？我知道我们有时间压力，但我实在不愿意好好的一个旅行结束在不愉快的体验里。”

我回瞪了他一眼，一边喂妹妹吃早上剩下来的果酱面包做她的中餐，一边没好气地跟他说：“你应该在跟小雅说你的决定前先跟我商量，而不是说完之后才问我你做得对不对。”

我跟雅爸一直有共识：不要给小孩两种不同的决定。夫妻如果对于某件事有歧见，要商量好再告诉孩子；而一旦一方要求了孩子或给了承诺，除非事态严重，不然不要唱反调。这样孩子不会利用父母意见相左的弱点找漏洞钻，也比较不会觉得父母食言而肥。

“不过，反正要开车的是你，如果你愿意为了让她高兴而摸黑开山路，我是没有意见。顶多大家肚子饿久一点，以及妹妹得吃一餐的垃圾食物。”我斜眼看着小雅抱着奶奶给的塑胶盒，心里觉得犹太人真的是很宠小孩，真不知是好还是不好。

到了海边，雅爸停好车跟小雅说：“现在阿爸抱着你，我们快快地到海滩上捡贝壳——只捡贝壳，不玩水，不做其他的事情，然后就要快快地回来。因为大家肚子都饿了要吃饭，而且我们还要开长程回家。”平常只肯自己走路的小雅点了点头，安静地让阿爸抱着她，父女俩很快地消失在停车场的另一边。

过了20分钟，雅爸又抱着小雅出现。小雅满脸的笑容，骄傲地跟我展示了一盒满满的宝贝。“妈妈，我跟阿爸把沙滩上的贝壳全部都捡回来了，没有一片留下来。”她很快乐、很快乐地跟我说。

失而复得，让孩子更懂得珍惜

回家的路上，我一直看着小雅。她一路安安静静地、心满意足地不停玩着、看着贝壳，一直跟我唠唠叨叨地说着每个贝壳有什么不同，就连沉沉睡去时，怀里也还紧紧抱着它们。失而复得的愉悦并没有让这个快四岁的小孩情绪高涨，反而有着浓浓的小心翼翼及珍惜。

我望着她熟睡中嘴角还微扬的小脸，忍不住跟雅爸说：“也许你是对的，也许回头去捡贝壳是对的，也许这不是宠小孩，而是体贴小孩的情绪。至少我们不会有个沿途一路哭回家的小孩。”我突然想起，依小雅的个性，会哭很久代表她真的很伤心，而弄丢她心爱的玩具这种坏事她一定记得很久，会心情不好很久。

想到这一点，愧疚的情绪开始荡漾。为什么我之前在看待这件事时，“回头再去捡贝壳”这个选项从没有在我心中存在过？我是不是太轻忽小孩的情绪了？是不是太以大人的需要为中心了？是不是只顾着妹妹的需要，就不大能同情、理解小雅的眼泪了？她才三岁多，粗心忘了某样她心爱的东西不是很正常吗？我又怎么可以一厢情愿地认为，反正哭哭就过了呢？再说，我们又不是赶飞机之类的，为什么不能为了小孩多停一下下？我又为什么会觉得这样就是在惯小孩呢？

“我还记得我小时候的体验，记得我小时候的伤心。”雅爸慢慢地开在漆黑的山路上，轻描淡写地跟我说：“我爸爸就是那种打死也不可能为了小孩、老婆而多绕点路，多等一点时间的大人。有好几次的旅行，我都在遗憾、伤心和失望中度过。也许是忘在旅馆的那只小熊、也许是忘了买的一张明信片……结果后来想起那些行程，我都只记得最后的伤心，旅程的风景都会变了颜色……我不愿意成为像我父亲一样的爸爸。”

多花点时间，却得到永生难忘的回忆

晚上七点半，雅爸把我跟孩子们放在家门口，他继续载着朋友回家。进家门后我要求小雅帮我照顾妹妹，好让我可以做点简单的晚餐给大家吃。

小雅点了点头，第一次自动自发地叫妹妹一起进她的房间玩耍。等我煮好水饺，进小雅房间叫她们吃饭时，发现两姐妹都坐在椅子上，姐姐在画画，妹妹在玩画笔。我吃惊地发现，已经快半年不肯碰画笔、或是拿起画笔只是草草画几行直线就停手的小雅，在短短的十几分钟内，画了好几张画，而且自己做了剪贴！

“阿斯克隆的海边有很多贝壳。”她拿起第一张画告诉我，画中就是海水以及很多圆形。“我跟阿爸在水里玩耍，”她拿起第二张剪贴画，里面一个大人，一个小孩。

“妈妈跟妹妹在沙滩上，妹妹太小，不能放妹妹自己玩水。”第三张画，一个大人牵着一个小孩。

“我们捡了很多贝壳，贝壳很漂亮。”她说了个完整的故事。

原来，她把幼儿园老师“看图说故事”的方式学了起来。幼儿园老师常常会准备几张大图画，一边说故事，一边换图画。小雅看来是想要给幼儿园的同学分享她找贝壳的故事，所以画了这几张画。我心情激动地看着这三张儿童画，觉得眼眶快要红了起来。

原来，感动与快乐是创作的动力啊！之前我跟雅爸对于小雅不肯画画这件事觉得无法理解，想来是她不觉得有什么事情是她很想要告诉大家的。可是，我从小就是老师、大人叫我画画我就画，我怎么不记得自己曾经为了感动、曾经为了想要跟朋友分享什么而作画？

“妈妈，你怎么一直低着头？”小雅看我都不讲话，忍不住问了起来。

“没事，你画得好棒，妈妈好高兴你又开始画画喔。”我甩甩头想甩掉满脑子的情绪。“我们去吃饭吧，我煮了你喜欢吃的水饺喔！”

隔天小雅高兴地带着满盒的贝壳及三张画到幼儿园去。聪明的园长一看到她带的东西，就很清楚她要做什么。

“小雅，今天早上的‘相见欢’时间，就由你用你画的画跟带来的礼物，告诉我们你去阿斯克隆旅行的故事喔！”园长跟她这么说，小雅也兴奋地点着头。

就这样，不到四岁的小雅因为贝壳跟贝壳带来的感动，有了上台跟同学说故事的机会：而说的内容，是她亲身经历、最快乐、最想跟同学说的故事。我也知道，在她以后的生命里，阿斯克隆的贝壳会成为她童年中美丽回忆的一部分。

而这一切，只因为雅爸为她在海边多驻足了那短短的20分钟！

孩子发烧72小时

生小孩后，许多人都警告我，要我尽量别带婴儿出门，以免被病菌感染。“看着小小孩生病啊，完全是哭在儿身，痛在娘心。”朋友们语重心长地说。

长女小雅出生后的那3个月，我放产假，她大多时间都在家，此时以色列南部地区的流感病毒一波接一波，幸好都过门不入。等产假放完，我得去上班了，小孩放在托婴中心，我选的托婴中心“小而美”，就在我工作的幼儿园园区里，走路只要两分钟就到了，中心内只有11个小孩，5个保姆来照顾应该是没有问题，我却仍担心她会被其他小孩传染疾病。

不过，该来的还是会来。春夏换季，带来了一波流行性感冒潮，四个半月大的小雅，也跟着“流行”了一下。

退烧药，给还是不给？

第一次，傍晚发烧了一下，38.5℃，嗯，有些高，但还不算太坏，大家都告诉我，小孩发烧有时会到40℃，要我有心理准备。她没怎么哭，吃饭的状况也还好，只是脸蛋红通通的，像是在太阳下晒太久的样子。

以色列的医疗状况跟台湾地区不同，看病不是出门坐上计程车去医院就好。小孩发烧至少要过24小时之后（最好是过72小时），再带去看家庭诊所，此外，家庭诊所也没有夜诊，所以几乎家家户户都有现成的退烧药。小雅出生从医院回来时，婆婆已经帮我准备好婴儿用的退烧药，关于什么时候给小孩吃退烧药，婆婆、嫂子及保姆都跟我谈了很多次。

基本上，因为发烧是“症候”，不是病的本身，有时体温升高反而有助于杀死细菌或病毒，一直退烧并不见得对身体好。“如果小孩活动力好、吃得好、睡得好，就算发烧到38℃，我也不给退烧药。但如果超过39℃，就要给药吃，因为有引起热痉挛的可能性。”嫂子这样跟我说。

嫂子又说："小孩发烧药要怎么给，这件事见仁见智，我也看过父母只要小孩一发烧，不管状况就给退烧药的。"

小雅感冒，虽然还没有烧到39℃，我还是给了她退烧药吃。她吃后退了烧，一夜好眠，没再继续发烧。隔天一早量体温，37.7℃，要烧不烧的，想想还是先带去托婴中心，跟保姆交代了她的状况。十点钟，托婴中心的保姆打电话来说，她体温还是37.7℃，但一直在哭泣，问我要不要给她退烧药。我跟保姆讨论了一下，听了她的建议，给了药。

一边在工作的我，听到这样的状况，很是担心。幸运的是，我的园长很体恤这个状况，也知道是小孩第一次生病，我又是新手妈妈，放了我半个小时的假，让我去看小孩。到了托婴中心，小雅正在睡觉，一进她的房间，发现冷气开着，她身上只盖了一条薄被，长裤也被脱了下来。看到这个状况，我愣了愣，心中涌起了一股怒气。

发烧时可以吹冷气、电风扇吗?

回想小时候发烧，做爸妈的，总是把大家包得一层又一层，额头上还放着冰袋或湿毛巾，房间自然更是不能走风漏气。已经着凉了，怎么还可以吹风？还开着冷气？再说，发烧不就是要包得出汗才会退烧？……我不禁纳闷。

然而，以色列的人却是反其道而行，冷风习习吹来，还把小孩脱到剩最少的衣服，我看到就觉得冷。

我逼着自己从一数到十，控制自己的情绪，忍下骂人的冲动后，理智浮上心头，我想起了才在书上（以及网络上）看过的“正确退烧处理办法”：

1.以温水擦拭身体或泡个热水澡，使血管扩张，加速散热。

2.多喝开水（一般室温即可），以有利于血液循环及新陈代谢。

3.打开冷气或电风扇，降低环境温度。

4.去除不必要的衣物，以利散热。

“对啦，对啊，要这样做才对，人家这样做是对的。”我喃喃自语地安抚自己。当初看到这些处理办法时，还觉得很有趣，跟雅爸讨论了好一阵子，后来在网络上也看到很多中文的资料，都是医生写的，要大家改变之前面对发烧的方式。但，明明理智上了解新知识，情绪上却很难接受。毕竟一辈子都是这样活过来的，突然要我接受完全相反的做法，总觉得这样清凉，会加重女儿的病情，这真的是“知易行难”啊！

幸运的是，当天小雅没再发烧，傍晚回家后，又是呵呵傻笑的小雅一个。我一颗悬在风中的心，才算是放了下来。可惜，没过几天平安的日子，她却再度发烧。这次，就没那么容易处理了。

给了四个小时一次的退烧药，过了四个小时，小雅的体温就又往上升，当时正在昏睡的她，就会带着让我心痛的哭声醒来。小雅很少哭，她一哭，我就很担心，觉得五脏六腑揪成一团。我把她抱起来后，她就再也不愿意离开我的手臂。放到床上也哭、爸爸抱也哭。

我只能给她退烧药，等到药效发作、烧稍退了之后，帮她换掉湿透的衣服、喂她吃奶，然后再一直抱到她睡着，才能小心翼翼地放上床。

求求你，我们现在带她去看医生

发烧的第一天，整天都以这个模式度过。

当天晚上十点，已经过了退烧药作用的时间，她还在熟睡。一般的日子，女儿总是晚上九十点就睡觉。“嗯，可能是退烧了吧。”抱了小孩一天累坏了的我想着。

不过，为了保险起见，我再量一下体温。家里帮女儿准备的体温计是耳温枪，可以在不唤醒她的状况下量体温。耳温枪放入耳朵，过了几秒，发出哔哔声，我拿起来一看，咧？是不是看错了，我揉揉眼睛再看一次，啊，没错——39.6℃！

看到这个温度，我觉得两眼一热，眼泪几乎夺眶而出，我先抱起小雅，再喂了一次退烧药，然后抱着她冲到我老公面前。“求求你，我们现在带她去看医生好不好？我们去挂急诊。”我有些歇斯底里地跟我老公说，像古代穷苦人家的媳妇抱着生病的小孩祈求大爷赏钱，好让她能带小孩去看病。

“她发烧还没过24小时。”雅爸没听懂我凄风苦雨似的小媳妇哀求，只淡淡地回了我一下，看着我怀里的小雅睡着了，他接过手，抱她回床上去睡觉。

雅爸回到客厅后，我眼泪已经滴下来了，又跟他讲了一次：“求求你，我们现在带她去看医生好不好？”

“发生什么事了？你为什么哭泣？小雅只是刚开始发烧啊？你为什么这么担心？”雅爸这下才如梦初醒，惊慌地问着。

我一边设法止泪，一边设法跟他解释，在台湾，婴儿发烧是很严重的事，总是第一时间杀到医院去看医生。但这里每个人都跟我说要等，要等，要等，我快疯了。

“你知道发烧其实是很多病的初步症状，是吧？”雅爸把我拉到他身旁，试着跟我说理：“所以太早去看医生，医生也检查不出什么东西来，也顶多是要你按时给她退烧药。通常都是过72小时才带去看医生的。”

“如果你真的很担心，明天如果她还是发烧，我们就带她去看医生，这样好吗？”看着我一脸哀怨，雅爸妥协地说。

一连串的检验

第二天，女儿还是在发烧。下午，我们带她去看了医生。医生检查了眼睛、耳朵、喉咙、听了心音，嗯，都没有问题。“所以，如果今天还是发烧怎么办？”我紧紧抱着女儿问医生。“那就吃退烧药吧。”医生轻描淡写地说。远远的，我可以感受到雅爸那个“我早就告诉你！”的眼神。

“可是她已经发烧了一整天了啊？”我带着怒气问医生。可能因为我来势汹汹，医生突然说：“那我建议验尿，不一定是有感染，验尿就会知道。”

听到医生愿意做进一步的检查，我松了口气。但马上又接着想起——啊？验尿？怎么验啊。

“小雅，医生说要验尿，麻烦你拿这个塑胶杯到厕所去接点尿。”

我好想这样跟怀里的女儿这么说，当然，也只是想想而已。

医院里有婴儿专属的集尿袋。塑胶袋的上方有着棉质的马蹄型封口，上有黏胶。我们必须解开她的尿布，把马蹄型封口贴在她尿道附近的皮肤上，然后抱直她，等她尿尿。

等啊等，等到诊所晚上7点关门，她还是不尿，只好包包收收，带她回家，等今晚存到她的尿，明天再验。

回家后，累坏的爸妈忘了那个集尿袋还黏在她的屁股上，直接把已经睡着的女儿放到床上去，两个人顺便爬上床小憩去。两个小时后，又开始发烧的女儿哭着醒来，睡眼惺忪的我，冲到她房间抱起她时，突然发现，啊，她的衣服是湿的、棉被是湿的、床单是湿的……

她，根本是睡在一滩尿里。

“雅爸啊，救命喔！”这下子我也顾不得雅爸整晚没睡，该让他补补觉，就拉高音量唤醒他。

接下来，夫妻俩开始忙着帮女儿脱衣服、洗澡、换床单、被单、棉被、擦床垫……换上另一个集尿袋，喂她吃药后，喂她吃奶。

紧张兮兮的雅爸、雅妈正襟危坐，抱着吃完奶后的女儿，动也不动，全心全意地等候她撒尿。20分钟后，抱着小雅的雅爸问雅妈说：“你看她是不是尿了，我觉得我的腹部热热的。”我检查了下集尿袋，果然有着金黄色液体流动着。

“哇！小雅终于尿尿了。”雅爸、雅妈忍不住欢呼起来，抱着小雅又搂又亲。这辈子，从没有那么兴奋看见小雅尿尿。

下次妈妈会坚强些

验尿的结果，一切OK，没有感染的症状，但小雅还是持续地发烧。心急的我，顾不了碎碎念的雅爸，第三天下午，还是又带去给医生看。

检查了耳朵、看了眼睛、喉咙，听了心音……正常、正常、正常。可是，我的女儿还是在发烧啊。医生说：“发烧三天了？那明天早上如果再发烧，就验血吧。”我点点头，也好，既然要做检查，就做彻底一点好了。

隔天早上，小雅还是烧。雅妈应园长的要求，要去工作几小时，所以就由雅爸出面带小雅去验血。

到了诊所，护士出面抽血。这么小的小孩，怎么验血呢？答案是：抽手指头的血。

“哇！”护士一针刺下去，女儿痛得哇哇叫，但血没有出来。“怎么手指头这么小？”护士紧张地嘀咕着，拿针再刺，又是“哇！”一声，这次小雅就开始不爽了，除了叫，还开始大哭。

雅爸及护士一边哄她、一边抽血，搞了半个小时，终于抽到足够的血，但女儿也跟着哭了半个小时，抽完后，手指头还在痛，所以她还是哭。到最后，离开诊所前，护士试着安抚她，小雅却用极为愤怒的眼神瞪了回去。

“不要啦，不要用这种眼神看我。”可怜的护士被小雅的气愤之火烫到，央求地说。

“没关系啦，以后她大一点，你拿糖给她吃，她就会笑了。”雅爸连忙安慰着一早就被吓坏的护士。

验血报告出来，一切正常，证明小雅是病毒感染，但没有药医，要等自己好。奇怪的是，抽完血后，小雅就没再发烧了，隔天吃、喝、拉、睡、玩，完全正常。

“你一定是验血验怕了，所以决定恢复健康。”我抱着小雅，调侃着说。

“哪是啊，明明就是过72小时她就好了，是因为你，害得她做了这么多检查，哭个半死。”雅爸吐槽地说。

抱紧我的小雅，“下次你妈会坚强一点，我发誓，虽然真是知易行难啊！”我在心里跟自己说着。

我家有只尖叫怪兽

虽然小孩是上天赐予的礼物，也不见得每个小孩的气质都跟父母的个性相合。碰到个性不合的朋友，大不了不要太接近；但碰到个性相冲突的小孩，你这个做父母的不能跟孩子保持距离，那你要怎么办？特别是，如果小孩的个性正中你的“死穴”，那又要怎么办？

星期五晚上，是犹太人的安息日。信犹太教的犹太人这一天不能工作、点灯、点火、按按钮；世俗的犹太人，则在这一晚举行家族聚会。雅爸的一家有四个男生：两个大的住在以色列南部，十分靠近父母家；两个小的住在北部，只有放大假时会回家看父母。我们跟雅爸他大哥两家人，每个星期五晚上回父母家。

那个星期五，跟一般的星期五没有什么不同，我们照例回公婆家过安息日。

长女小雅刚满7个月，穿得美美的，带着惯有的“好笑神”（请用闽南语发音），迷倒家族众生。伯母抱着小雅，她的3个小孩围着她，每个人都像中邪了似的、不停地发出“咕咕、咕咕”的婴儿叫声，想要博取小雅的微笑，或是咯咯的笑声。

做妈的我，难得在忙了一周之后，有机会放松心情，可以跟公公谈谈一周国家大事。因为在小雅出生后仍然有些适应不良、手忙脚乱的我，常常抽不出时间看报纸、电视，向来是每周去那里听他“简报”。当然，还要跟婆婆聊八卦。

酒足饭饱，八卦完毕，跟婆婆借个厕所解放一下。临行前看了一下小雅，嗯，虽然睡觉时间到了，她看来精神超好，玩得正高兴。进了洗手间，刚坐下来开始办事，突然听到从客厅传来的小雅笑声开始走样。从小声的咯咯，提高成一般人在公共场所讲话时音量的“啊～哥”、“啊～咕”，然后音频持续升高，开始发出盖过所有人的“啊啊啊～依依依～啊啊啊”。

我可以感觉到，全客厅的人都停下来听她的演讲。

“这个孩子好爱说话喔，真活泼！”小雅的伯母在那里高兴地说。

“糟糕！”我心里暗叫，也顾不得事还没有办完，赶快起身冲水、洗手。而就在这几秒中，小雅的演讲愈来愈为高亢，开始发出粉丝看到偶像的尖叫声，然后再向上攀升，最后以莫札特《魔笛》中的“夜之后”咏叹曲收尾。

我连忙奔出洗手间，从我的妯娌手上接过小雅，快速地把她放到婴儿车，一手用奶嘴塞住她的嘴，一边晃着婴儿车，一边跟被吓得脸色发青的家人说：“不好意思，她想睡了。”而被我塞入奶嘴的小雅，一开始还想再说话，从奶嘴背后发出“那个、那个”的声音，没几秒，眼睛开始乱转，然后就沉沉睡去。

看着小雅沉沉睡去，客厅凝滞的空气又开始活动了起来。“她的肺活量还真大、声音还真高，以后可以去唱歌剧。”我公公开玩笑地说。“真的不好意思！”我再次道歉。

孩子用尖叫来表达意见

发出恐怖的尖叫声，是小雅去上学后学会的新把戏之一。

第一次在家里听到这样的尖叫，我吓得目瞪口呆，跟她“嘘”了半天，只见她愈叫愈起劲，才回神想到用奶嘴塞住她的嘴。之后，只要她睡醒、肚子饿、累了、无聊、睡不着，哼叫声很快就会转为尖叫，甚至是跟她玩耍时，她可爱的娃声娃语及清朗的笑，也会突然变调成为尖叫。

家里突然出现尖叫怪兽，让我实在是不堪其扰，特别是，这样的尖叫出现在半夜的睡梦中时，格外吓人。

一直想着要有个“中国安静优雅女儿”而非“以色列野孩子”的雅爸，其沮丧就更不用说了。虽然从小雅出生的第二天，我们就了解她有狂叫的功力，但休产假在家的3个月，我们以为她已经被调教得十分安静、快乐及温和，怎知上了托婴中心不到5天就破功了？

我跟邻居谈起此事，她不当一回事地说：“这样很好啊，她叫得够大声，保姆才不会忽略她，而且可以练习肺活量。”但我还是忍不住找了托婴中心的园长，问个究竟。

园长慢条斯理地说：“亲爱的，你是不是都跟你的宝贝同室相处？是不是每次她小声地叫个‘啊’，你就跑去看她？”我点点头。是啊，我的电脑在小雅的房间里，白天除了吃饭、上厕所，我几乎就在她房间里活动。她睡醒哼两声、玩得不耐烦叫一声，我就可以转头抱起她来。“你在这里工作过，知道我们这分户内及户外，虽然保姆与婴儿的比是1∶2，但因为每个婴儿睡觉的时间不同，偶尔会有婴儿单独被留在一个房间里，保姆则在另一个房间做事。婴儿醒了，不发出声音，没有人会知道。”她持续地慢条斯理地说。“再说，婴儿要学会表达自己的需要，所以饿、累、烦、不高兴等时候，会哭、会出声是重要的。”

我知道以色列很鼓励孩子表达自己的意见，这个理由我接受，但，也不用尖叫吧？

“喔，这个喔，那是因为你的宝贝刚刚知道自己可以发这么高的声音，正觉得新鲜有趣，也还不会控制，过一阵子就好了。”她还是热情又温和地解释。

尖叫声触动恶性循环

我当然知道所有的婴儿都会尖叫，我也很清楚我家小雅绝大部分时间都是个安静快乐的小孩，又会自己玩耍、逗人笑，大家都很爱她。但是她尖叫起来，真的、真的是非常的恐怖，每次我都觉得窗户玻璃会被她震破，而且，如果她在你耳朵旁尖叫，包你马上捂住耳朵喊救命。

雅爸的个性好静，对于噪音的容忍度很低，小雅的尖叫就像一把利刃刺进心脏，正中要害，让他抓狂。一开始，只要小雅尖叫，他就起身离去，不然就会很严厉地要小雅住嘴，再不然就会伸手捂住她的嘴。我觉得他的处理方式很暴力，好几次他把小雅吓哭后，我就对他很生气，然后他会放着小雅不管，让我自行处理。

这样一来，“小雅的尖叫→雅爸生气→我生雅爸的气→小雅继续尖叫……”的模式，成为恶性循环。我跟雅爸的关系向来良好，有歧见时也都努力地沟通解决，从来没有吵过架。而小雅的尖叫，以及有了小雅后我们夫妻沟通相处的时间遽然减少很多，许多不愉快不断累积，快要造成我们夫妻不合了。而这也是雅爸作为新手父亲的一大挑战。

总而言之，这是这个家庭的新危机。

雅爸的绿脸

而这样的恶性循环愈演愈烈。

有次坐飞机，想睡而睡不着的小雅在飞行的40分钟内，尖叫了30分钟。整个飞行过程中，雅爸臭着一个脸，一副很想把小雅丢出飞机的样子。我只好一边哄她，一边对雅爸使眼神，要他克制一点。

还有一次全家人去看雅爸的外婆。他外婆住在美丽的养老中心，探视的时候正是大家在大厅喝咖啡吃蛋糕的时间，大厅塞满了老人家。看到太祖母后，小雅想在地上爬行。外婆的看护跟我说最好不要，因为老人多病，地上常有呕吐物，不是太干净。

小雅没办法下椅子，只好上桌，站在椅子上跳舞，打桌上的花瓶，跳着跳着，在一片安详的大厅里，她突然发出撕裂的尖叫声，一声接着一声，不仅她的太祖母吓坏了，我怀疑隔壁桌的老太太要吓出心脏病了。我只好跳起来，用奶嘴塞住小雅的嘴，把她丢到婴儿椅上，跟外婆与看护说声对不起，带着小雅去花园逛，逛呀逛，逛到她睡着。

不用怀疑，那天雅爸的脸真的是绿中带白。

雅爸的死穴

一开始我还满怀希望，等候小雅的“尖叫怪兽期”自行结束，但几个月过去了，园长当初预言小雅会自行控制声量的状况并没有出现，尖叫很快地从发声练习转换成为她用来呼唤父母及强调需求的工具。这样一来，我对于影响到夫妻和谐及雅爸、小雅父女关系的尖叫声，终于认真面对了。

找一天小雅睡觉后，我跟雅爸坐了下来，虽然两个人都疲倦不已，还是决定为这件事好好谈一次。

“小孩都会尖叫，小雅只是肺活量大了一点，你为什么每次的反应都那么剧烈？”我十分不解，“像是很凶地对待她，或是用手去捂住她的嘴这种事，我实在很难接受。”

"亲爱的，每个人都有极限，我的极限就是不能忍受噪音。"雅爸说，"听到噪音，就会让我很生气，很想打人。就像是有人开了电钻设法钻进我耳朵一样。"

"那你要是爱上一个很会尖叫的女人呢？"我开玩笑地问。我知道雅爸不喜欢噪音，但之前并不知道他对噪音的容忍度这么低，因此听到他的回答时，心中很吃惊。这是生平第一次，我真正了解到人性的"极限"是什么意思。

"我很难爱上一个很会尖叫的女人，因为她的尖叫声会阻止我想亲近她。"雅爸并没把我说的当笑话，而是很认真地回答，"如果我不小心爱上了这样的女人，要么就是跟她努力协调，阻止尖叫的发生，要么就是设法远离她。人不是相爱就能相处的。"

好吧，如果这是雅爸的死穴，为了避免雅爸跟他女儿发展成"相爱不能相处"的关系，我大概还是得朝着努力协调、阻止尖叫发生的方向发展。

"如果是这样，我们就协调出两个人都同意、都可以接受的教导方式？"我跟雅爸这样建议。

渡过家庭危机

经过冗长的讨论，最后我们协议出以下几点：

1.尽量避免让她尖叫。跟婴儿哭泣一样，小雅尖叫都是有理由的，如果避免不了，则设法在尖叫前或尖叫时转移她的注意力。

2.如果小雅尖叫，不管我们两个是谁跟她在一起，都不要远远地大叫要她安静，而是要抓住她，跟她面对面、眼对眼，用正常而坚定的声音跟她说："小雅，我不喜欢你尖叫，你尖叫让我生气。安静下来。"

3.不使用任何多于抓住她的肢体暴力。

4.真的无法控制她的噪音时，可以给她奶嘴。

5.她安静下来后，就赞美她是个好女孩，告诉她不用尖叫也可以表达她的情绪及需要。

6.如果她尖叫是为了某些我们做不到或已经拒绝她的事，那我们就要坚持下去，让她认识到尖叫也没用。

如此决定之后，先是扭转了我们夫妻之间的关系。小雅再尖叫时，我们会相互打气、相互提醒、相互帮助；成功阻止小雅尖叫后，我们会相互微笑，或举起大指头说：“你好棒！”；小雅的尖叫造成灾难时，我们会在事后抽空谈一下事情的经过，以及觉得是否有更好的处理方式。

而当我跟雅爸的态度及处理方式一致时，很有趣的是，小雅的尖叫频率便逐渐降低。几个月后，小雅还是尖叫怪兽一只，但她已经渐渐懂得，大家不欢迎她的尖叫，因此会稍加自制；而等她两岁之后，当大部分事情都可以通过语言表达需要跟情绪时，尖叫的状况就不再出现了。

庆幸的是，通过沟通及合作，我跟雅爸终于顺利地渡过那次家庭危机，继续过着热情如火、相敬如宾的生活了！

父母对孩子的比较

哪个父母真的可以完全“一视同仁”地对待每个孩子？而“一视同仁”真的是好的、对的教育方式吗？父母又真的可以完全不比较孩子之间的差异吗？做父母的还是得分清楚，什么时候可以做比较，什么时候就不该去计较孩子间的差异啊！

自从妹妹出生之后，雅爸跟我话家常时，话题常常绕着大小女儿转。讨论之中，也就脱离不了“比较”一事。比什么呢？什么都可以比，比身高体重、比头发多少、比鼻子宽扁、比个性、比发展。无论谈到妹妹的什么事，都难免顺便提到她跟小雅一样爱笑啊、她不像小雅那么爱尖叫啊……

比较，是为了找出差异

很多的比较是夫妻之间的玩笑。主要是围绕 “谁长得比较像谁” 这样的话题。例如说，我有天跟雅爸说，看起来妹妹的眼睫毛没有小雅的长。雅爸就会说：“家里总要有个像妈妈的小孩啊！”

另外一些比较则是出于好奇。我跟雅爸很想知道基因跟环境对孩子的影响程度，到底是哪一种比较强。有些是我们确定的，像是妹妹全母奶、妹妹比较早开始睡整夜，很清楚是人为环境的差别——也就是作为妈妈的我的问题。但像妹妹比较喜欢被人抱着，妹妹比较好带，我们就不清楚是个性的缘故？还是因为我比较愿意把妹妹给别人抱？还是因为我第二次做妈，情绪比较轻松，所以也影响到小孩？当然这种对话都不会有结果，结论也只有一个：“唉，真不知是个性的关系，还是我们对待方式的关系。”虽然如此，下次碰到新的状况，我们还是会再重复上述的对话。毕竟，我们真的是很好奇基因与环境在个人身上的作用啊！

而更多的比较则是为了学习妹妹的个性，以及避免教养上再次出错，而以小雅作为基点来讨论。我觉得这很合理。我们碰到新的人事时，难免会以旧经验作为参考。例如，小雅和妹妹两个人都是一出生就因为各种不可抗力而喂食配方奶。我一直无法让小雅喝全母奶，混喂到六个月大，因此老二我想全母奶，小雅当初的失败经验对我就很重要。所以现在谈到如何让老二变成全母奶宝宝时，我跟雅爸难以避免地会谈到当初是如何跟小雅奋战，自己犯了什么错误。

再说，我们家两个孩子都是女儿，在面对雅妹时，特别是对雅爸这种眼里看不到其他小孩的大人而言，小雅是他唯一熟悉、倾心参与的旧经验。对话中总是出现“雅妹现在是这样这样，我记得那时小雅在雅妹年纪时如何如何”的话。通过这样的对话，我觉得是有助于理解姐姐跟妹妹的差别，提醒我们这是两个个体，要用不同的方式对待。

听懂孩子问题背后的隐意

当然，我跟雅爸都知道，虽然对于我们而言，这样的比较是客观、不带偏好及毁誉的，但比较也是危险的，大部分没有什么意义。再说小孩是敏感的，像小雅这个年纪，对语言的掌握又不是百分之百（特别是父母对话使用英文，而不是她更熟悉的希伯来文），所以我们绝对不在小雅面前（把她当隐形人一样的）谈论她跟妹妹的不同，连无伤大雅的不同都不谈。就算我们没有其他用意，小小孩还是很有可能误会我们的意思。从小雅身上，我唯一学到的是，不管是说他好，或说他不好，小孩就是不爱被人拿来比较。

我们也绝对不跟小雅说“（现在）妹妹如何，（以前）你都不如何”或相反过来“你如何如何，妹妹都不如何如何”这一类的话。例如，我不会跟她说：“雅妹已经睡了，你为什么还不去睡觉呢？”或是“雅妹会给妈妈笑咧，你要不要也笑一个？”对于这类可能会造成小雅觉得自己比雅妹乖或不乖的谈话句子，我们尽全力地，而且有警觉地避免掉。

我觉得大人肆无忌惮的在听得懂话的孩子面前，大谈孩子之间的差异，或以一个小孩的行为去威胁或婉劝另一个小孩照办的对话，远比“小雅的五官比妹妹还要西方立体”这种比较严重得多，也更容易造成孩子之间的心结。当然，如果能避免，这类的对话都不该在孩子面前出现。

但我们得认真对待及回答孩子自己提出的比较问题，不管是她听来的，还是自己想出来的。

例如，小雅曾经问我：“为什么妈妈都一直抱着妹妹？”（这个问句的问题意思是：为什么你抱她比抱我还多？）

我听到后很认真地把她叫到我身旁来，一手搂着她回答：“因为妹妹还很小，她是个宝宝，她不会走路、不会坐，甚至不会翻身。她不像你一样可以自己走路，要做什么就做什么，所以妈妈需要常常抱着她。”（小雅似懂非懂。）

“妹妹会自己下楼梯吗？”（小雅摇摇头。）

“妹妹会自己去床上睡觉吗？”（小雅摇摇头。）

“所以我们要出门时，妹妹怎么下楼？”

“抱着她下楼。”小雅自己回答。

（太好了！）

那次谈话之后，有时小雅会趁我的手空着的时候，跑来伸出手跟我说：“现在我是宝宝。”这时我就会像抱着妹妹一样抱起她，像亲妹妹一样亲她，问她说：“我的宝宝，你现在要去那里？”然后抱着她去她要去的地方。

小孩的比较问题，常常是不安全感下的产物，做父母的最好敏感一点，用细腻的语言跟关爱的行动化解，不要敷衍了事。小孩的情绪如果没有被照顾到，比较的语言就会愈来愈多，行为也会为了引起大人注意而愈来愈坏。

生了老二后，我常常被告诫不要比较。但我左思右量，还是觉得父母偶尔的比较是自然的，而且是有必要的。姐姐妹妹，我们总是要学习她们的天性，找出适合个体的对待方式；姐姐妹妹，也总是难免被亲朋好友、左邻右舍放在一起谈谈。再说，每个人都有不同面貌、才智、天赋、好恶、个性，跟爸妈的互动也不大一样，没什么道理一视同仁。如果比较只是要显示出彼此的不同（而非优劣、好坏），我觉得也没有不好。那种会说出：“我的小孩什么都一样，我都一视同仁、完全公平”的父母，对小孩有比较好吗？我想那也是某种程度的不用心及卸责吧？

所以，手足之间也不是不能比较，但比较不是计较，也不是为了比高下、比喜好啊！

谁才是婆婆?

有了孩子之后，除了跟另一半，跟家族的关系也会愈来愈紧密。孩子是家庭的黏合剂，把大家拉得愈来愈近，也把彼此看得更清楚；孩子，让我进一步认识到犹太人的婆媳关系……

生完长女小雅后六个星期，跟老公提到医院打电话来，要我星期二去做产后检查，老公拿起手机查了一下他的行事历，“可是，那天我要去北部出差。”他有些沮丧。

“嗯，没关系啦，我自己去就好。”我答道，“可是，医生……”他还没说完我就打断他的话，“没关系啦，总要给他机会练英文，给我机会练希伯来文啊！”我知道他在担心我跟我的俄罗斯医生会沟通不良。

“那，我是不是找我妈来做保姆？”他又想了一下问道。

“喔……这个嘛……”这下换我迟疑了。

别误会。在我的眼里，我婆婆是个典型的犹太妈妈，是非常有着中国传统美德的妇女，对于丈夫、孩子，向来是只问付出，不问收获。也就是因为她实在太好了，现在年纪又大，又还没有完全退休，所以我很不愿意有事没事地麻烦她。

不过，带着一个半月大的婴儿跑医院不是太方便，我又是外籍新娘，没有太多的朋友，我再三思索，想不出更好的方式，还是勉强地点了头。

去医院的当天，婆婆迟到了一下下。担心赶不上门诊的我，只交代了孩子什么时候睡着的、大概什么时候会醒过来，就出门了。我心里想着，奶粉及奶瓶就在厨房的料理台上，明显可见，尿布及衣服在小孩房间尿布桌的抽屉里。再说，我婆婆一天到晚在做雅爸哥哥跟嫂嫂小孩的保姆，我应该不用交代太多——说太多了，好像是我不信任她，不是吗?

看诊的状况很顺利也很快，一个小时后我就回到家了，但家里的情况却出乎我意料。

她“害怕”我不高兴？

婆婆抱着小孩站在电视前看电视，有些无奈。我的女儿眼睛闭着、眼角挂着泪水，含着奶嘴的小口，还在用力地吸着，看起来就是很累很饿的样子。

“你前脚一跨出去，她就开始哭了。”我婆婆小心翼翼地说：“我不知道能不能给她配方奶喝，因为也许你想先喂母奶。另外，她看起来很热，我不知道能不能给她点水喝，所以我把她的裤子脱下来一阵子。

她说完，用着小媳妇式的担心眼神望着我。

我听完后，愣了愣，心中浮起了难以形容的错愕，仿佛觉得自己是个趾高气扬的恶婆婆，而她是新婚嫁入门处处得谨小慎微的媳妇。

“您……您要做什么都没有问题……您做了这么多年的母亲，比我有经验多了。”我结巴地回答。

状况有些尴尬。我深呼吸了一下，从她手上接过小孩，换了尿布，一边喂奶，一边开始跟婆婆话家常。小孩回到我手上后，她看来松了口气，但还是用着忧虑的眼光望着我。后来雅爸回来，加入我们的谈话，突然婆婆用希伯来文跟雅爸说：“你们家有些热，所以我把你女儿的裤子脱下来一阵子，但我害怕你太太会不高兴，所以又帮她穿了回去。”

听完母亲的话，雅爸开始哈哈大笑，转过头来跟我说：“我老妈说她把我们女儿的裤子脱下来散热，但她‘害怕’你会不高兴。”他用了一次希伯来文、一次英文，强调“害怕”那两个字。他愈说愈高兴，最后，像是听到了世纪大笑话般地狂笑不止。

哇，这次，我是完全的目瞪口呆。看着大笑的老公，一旁担心的婆婆，心里不禁嘀咕着，搞什么啊?

与婆婆的友谊

自从我长大成人，步入30，周遭朋友一个个结婚后，有关婆媳纠纷、争吵、相互埋怨等故事，早就已经听到耳朵生茧。虽然大家生活在21世纪的现代社会，但“恶婆婆及坏媳妇”似乎千古未变，所以自认为是新女性的我，虽然主张爱情是两个人的事，却早就觉悟到，除非两个人远走高飞，不然，婚姻一定是两个家庭（族）的事。

跟雅爸认识相恋10天后，两人两地分隔了一年半（我在台湾地区，他在以色列），其间除了两人email、webcam不断，当时婆婆也十分努力地帮儿子追女朋友。不仅隔三差五跟我联络、话家常，甚至连我的生日，她也不忘千里迢迢地从以色列寄礼物给我。后来在雅爸决定我们的“巢”要筑在那里时，我跟婆婆从通信中建立起来的友谊，是促成我强力坚持要在以色列开始新生活的原因之一。

来到以色列之后，婆婆对我的照顾更是无微不至。语言学校的作业，她帮我检查更正，带着我认识以色列的风土人情，雅爸去军队服役的那个月，每天打电话关心我的生活起居，而每个星期五晚上的家庭聚会日，当我因为大家用希伯来文讨论得兴高采烈而无聊时，她会体贴地坐到我身旁用英文跟我聊天。

怎么说，我跟婆婆的关系都算是不错的。到她家吃饭，我会主动摆筷、洗碗，离开前一定向她道谢；她每个星期五做的蛋糕，我一定会捧场吃一片，绝对不像她的“不孝”儿子雅爸，每次尝了一口，若是口味不对，他会不客气地马上放下盘叉，嫌弃起士蛋糕不够甜、慕斯蛋糕的奶油打得不够松、苹果派的苹果煮得不够可口，然后再也不碰那盘蛋糕。

可见，我们两个都在努力做个好婆婆、好媳妇，这使我更不能了解，在这种前提下，怎么出现了这种她“害怕”我会如何如何的场面。

敬畏与敬重，大不同

婆婆离开后，我迫不及待地跟雅爸询问道理何在？

雅爸莞尔一笑，说："如果今天是我留下来照顾女儿，你会怎么做？"

"我会把尿布、整套衣服拿到桌上，告诉你需要时可以更换，泡好奶瓶告诉你她该吃多少，开好冷气要你随时注意温度，注意她是否踢被……"我像机关枪式地讲了一堆。

"那你为什么没跟我妈讲这些？"他接着说："你不说，对她而言就是没授权。别忘了这是个多文化的国家，每个以色列的妈妈照顾小孩都有她们的喜好及习惯，不喜欢别人自作主张，乱搞她们的小孩……"

"可是我信任她带小孩的能力啊！"我大吃一惊。

"那你在我妈跨进我们家时，就要告诉她你信任她。你有跟她说吗？"他接着说。

什么？要跟长辈说我信任她？这种事需要说吗？我吃惊得嘴巴闭不起来。

“对嘛，你没跟她说。”他说道，“我觉得你还是要跟她交代怎么做比较好。”他仍然温温的。

“可是，我敬重她是个长辈，什么都交代，不是很没有礼貌吗？”我把想法说出来。

“敬重她是个长辈？没有礼貌？”这下换他愣了愣。

“没有礼貌？”他皱着眉头重复了一次，然后恍然大悟地说道：“‘敬重’一个人，指的是把那个人所说、所做的当一回事，跟那个人的年纪没有关系，也并不是你敬重一个人，他就可以对你为所欲为，所以也没有不礼貌的问题啊。你这样对待我母亲，是敬畏，不是敬重，这不代表信任，也不代表友谊。”

“你不跟我妈妈说清楚，她又知道你的个性较内敛，可能她做了什么你不高兴的事，你也不会说，这样你不是难为她了吗？”他说完，又哈哈地笑了起来，“你们的远东文化真是有趣。”最后，他下了个结论。

好一套“上尊下卑”

面对他的笑容，我却有如挨了记闷拳，沮丧了起来。搞了半天，原来是因为我把家乡那一套“上尊下卑”搬到以色列来了。

“什么远东不远东，都是该死的教育体系！”我心中禁不住咒骂起之前在学校中被教成习惯服从权威的好学生个性。虽然自以为开明、进步，努力自我检讨了这么多年，这个问题却还是那么的根深蒂固。

这样一来，我突然可以理解为什么婆婆总是对我相敬如宾，凡事小心翼翼，而我一直拿家乡对待长辈的那一套对待她，并没有把她当朋友看待。在以色列，人与人之间并没有长辈、晚辈的分别，父母努力地与成年儿女做朋友，维持良好关系，我对她的尊敬、礼貌，她可能会解释成我还不是那么信任她，所以总是对她客客气气的，不愿意跟她多说什么。这也难怪卡在我们两个之间的雅爸，总是忍不住对这样的尴尬场面哈哈大笑。

把宝贝交给别人照顾

放完产假后要回去上班的妈妈，就得把宝贝交给保姆或托婴中心。看到怀中小小的脸蛋，是多么让人不舍跟担心啊，小宝贝就要交给连妈妈都不那么熟悉的人照顾了啊。还好我工作的幼儿园，就有间好的托婴中心，我说它好，因为它要求新入园宝宝的父母，一定要来陪读……

以色列的产假是三个半月，时间说长不长，说短不短。产假放完后，大部分的妈妈们还是就回到了工作岗位，找到一个好保姆或好的托婴中心，就成了父母在妈妈产假中的紧急要务之一。

选择保姆或托婴中心？

那么，是找到一个好的保姆，一对一地照顾宝宝比较好，还是把宝宝送去托婴中心比较好？我自己在幼儿园上班，之前也跟几位同事聊过。很有趣的是，待在幼教界的同事，反而比较支持把宝宝送往托婴中心。

“我觉得自己已经是比一般人有耐心及爱心的人了。但偶尔看到自己的小孩太皮还是会发脾气，会想打小孩。连对自己的小孩都会这样了，你觉得你整天一个人带别人的小孩会比较好？”一个同事这样跟我说。

“送托婴中心，宝宝可能享受不到一对一的服务，但一般而言会有两到三个保姆，保姆之间可以彼此协助，做情绪支持，需要时可以换手。而且有别的大人看着，保姆要乱发脾气也比较困难。”另一个同事很务实地这样跟我说：“宝宝那么小，又不会说话，被欺负也不会讲，除非保姆是你全心全意信赖的人，不然都得冒一点风险。”

而我自己工作的幼儿园就有托婴中心，他们的专业跟制度我很信得过，而且地方大、玩具多、作息表清楚、最棒的是他们十分鼓励喂母奶。我产假过后把宝宝放在那里，宝宝饿了时他们会打电话让我过去亲喂，我很难想象有比这个更好、更方便的了！

决定好我放完产假后宝宝的去处之后，我以为我就可以在家安心地陪着宝宝陪到产假结束。没想到产假结束前一个月，托婴中心的园长就来了电话。

“陪读”是托育的第一步

“雅妈啊，我们需要找个时间谈谈宝宝的成长状况。”短暂的寒暄后园长切入正题，“而且你得开始有空就带宝宝来这里逛逛，让宝宝认识环境跟保姆们。”

园长的话让我吃了一惊。生老大之前虽然我偶尔会去托婴中心帮忙，但总忙着学习如何认识宝宝、照顾宝宝，倒是没有注意到保姆与家长互动的这个部分，也不知道在宝宝入园之前，还需要花时间带着宝宝去认识环境跟保姆！

“因为你很熟悉我们托婴中心的工作内容跟每天宝宝在这里的作息状况，我就不强迫你来做整天的‘陪读’了。”园长半开玩笑地说：“但在宝宝正式进入托婴中心之前，我们期待能常常看到她。”

后来跟园长会谈后，她要求在入中心的前两个星期，我每天都要带着宝宝去托婴中心，每次至少停留一个小时。

“你最好每次来的时间都不一样，这样宝宝跟你可以看到不同的活动。”园长提醒道。“另外就是从第二个星期开始，我们会期待你把宝宝放给我们一两个小时，你离开去办些事情，让她开始熟悉睡这里的床，而且醒来时能跟我们有些互动。”

园长提到三个半月的宝宝还很小，很多妈妈都会担心突然把宝宝交到陌生保姆的手上，宝宝是不是适应得来？保姆是不是能够马上上手？而最好的方式就是循序渐进，让宝宝慢慢认识新环境、新面孔，让妈妈知道宝宝在托婴中心做什么、让保姆有时间认识宝宝。

“而且妈妈在旁看着保姆如何照顾自己的宝宝时，才能进一步了解保姆的个人特质，也才会比较放心。”园长说：“这段时间也算是‘交接’：保姆从妈妈手上接过白天照顾宝宝的工作。两个人一起工作一阵子，交接会比较完整。”

听完园长的话，觉得托婴中心细心地为宝宝着想，真的很让人感动，也让我了解到什么才是一个可以让父母安心的托婴中心：除了环境安全、干净，保姆看起来专业、有特殊教学法……其实更重要的是，他们能不能协助宝宝顺利平稳地度过每一个里程碑。

后来有很多家乡的朋友听我说到这一段，都觉得非常有意思。因为在家乡很多老师不肯让学生的家长在旁边旁听，幼儿园不肯让新生家长陪读。

“我跟那个保姆提到我要陪着宝宝几天，看她怎么带小孩时，她一副吓坏又受辱的样子。”另一个正在找保姆的妈妈这样跟我说。

我想，幼儿园跟保姆不愿意家长探访陪读有很多原因，有很多是因为觉得那样会干扰小孩，甚至觉得提出这样要求的父母是对他们不信任。但要获得对方信任的最好方式不该是多接触、多沟通吗？不肯让父母进到教学现场，是不是代表了某种程度的信心不足？

到生了老三的现在，我还是常被朋友跟网友问起如何帮宝宝找一所好的托婴中心，我的回答也都很一致：除了查看环境状况跟专业度，找一间愿意让你从陪读做起的托婴中心吧！

三岁小孩的性教育，怎么教？

以色列的幼儿园对性器官的教学采取正式学名，而不是一般的别称，也要求父母在家里用正式名称称呼这些器官。

“就像告诉小孩有胃有鼻子一样，教性器官名字的方式也是如此。”那年我跟小雅的园长谈到这个年纪的性教育要怎么教时，她那样回答我。这对于我这种当年健康教育第十四章还要拉起窗帘来上的人而言，要很正式地用学名跟自己的小孩谈这些，到现在还是觉得有些尴尬……

某一天傍晚，还在怀老三的我带着小雅和妹妹两位姑娘去散步。途中碰到了妹妹的幼儿园同学也跟着妈妈出门散步。那个可爱的小男生一看到妹妹就跑来跟她抱怨：“我今天早上醒来时，屁股下方好痛。”

不知是怀孕末期神经变钝还是如何，我竟然没看到小男生的妈妈跟我使眼色，下意识地就接口问他：“为什么屁股下方好痛？你跌倒了吗？”

小男生皱着眉头跟我说：“我没有跌倒，是阴茎太大了。”

（哇咧，我自己没有生男孩，忘了两三岁的小男生早上起床偶尔也会开始搭帐篷了。）

还好这时幼教老师的专业抬头，我瞄了小男生的妈妈跟妹妹一眼，用很理解的口吻跟他说：“那就等它自己变小就不痛了啊。”

小男生像是听到标准答案一样，满意地点了点头，牵着妹妹的手，两个人去公园玩耍。

幼儿对性器官的好奇，该怎么处理？

妹妹的个性跟小雅很不同。小雅是个艺术家，她专注在画画的时间比学习察言观色的时间长很多，对于人本身的关注力不大；妹妹则是个爱观察人的小孩，她不仅很懂得看脸色，甚至是跟她亲近的人身体上有些变化，她都会观察到。两三岁的小小年纪，她会注意到我的手臂上有一颗痣，会注意到我去做脸后变细的眉毛或撞到的黑青。

现在她的同学跟她提起某个她没有的东西，我猜也许她的好奇心会持续一阵子。回家跟雅爸提到这件事，要他有心理准备应付妹妹的

100个为什么。

还好生产完后因为哺乳，妹妹的注意力被转移在雅妈的乳房上。只要看到我在喂老三，她就会重复地问这几个问题：“为什么你的那么大，我的那么小？”“为什么宝宝要吃奶？”“为什么我没有奶给宝宝吃？”“为什么阿爸的也很小？”“为什么阿爸没有奶给宝宝吃？”……

我平常就常跟姐妹们一起洗澡。对于女性身体的种种问题早就回答过N遍。但小孩就是这样，有兴趣的事情是一阵子一阵子，过了兴头就过了，一直到下次碰到类似的情境，问题又会再一次冒出来。

我必须说，对于这些问题，正确答案反而是不会引起更多问题的方式：“因为你还是小小孩，等到你进了青春期，像你堂姐凯伦那么大时，乳房就会变大。”“因为我们是哺乳类，哺乳类的宝宝都是吃奶的，像是小狗小猫。”“因为哺乳类哺乳的是女生，阿爸是男的，所以没有奶。”

这个年纪的小孩对于后这样的回答，通常都会很满意，也很少会有进一步的衍生问题。

小孩的好奇得到满足，也得到正确的知识，我觉得那是最好的教育。

等到她对乳房的兴趣消失后，可能同班的男生还是偶尔在搭帐篷，妹妹竟然又回到男生的那话儿这个问题来。

妹妹目前在小班，她们班几乎都是这一年才在脱尿布。脱完尿布后，好朋友会约着一起去上厕所，所以对于男女生的不同，她多少知道。我还记得小雅在这个年纪时，有一天回家跟我们说，男生的前面有一根，所以尿尿时都要站着，还会常常尿到马桶外面。当时小雅对于小男生“常会尿到马桶外面”的抱怨比知道男女的生理差别的兴趣更大，也没有兴趣进一步知道太多事，所以那时面对小雅比现在面对妹妹容易很多。

当然，在幼儿园，老师是有教的。既然男女生上厕所时会看到，自然就会有疑问，疑问一定是从男生的那话儿开始：“那是什么？”“为什么他有我没有？”

所以3岁的小孩都会在幼儿园学到“男生有阴茎，女生有阴道。阴茎外突，阴道在内部。不，阴道不是尿尿用的，是生小孩用的”这样的知识。

以色列的幼儿园对于器官的教学采取正式学名，而不是一般的别称，也要求父母在家里用正式名称称呼这些器官。

“就像告诉小孩有胃有鼻子一样，教性器官名字的方式也是如此。”那年我跟小雅的园长谈到这个年纪的性教育要怎么教时，她那样回答我。这对于我这种当年健康教育第十四章还要拉起窗帘来上的人而言，要很正式的用学名跟自己的小孩谈这些，到现在还是觉得有些尴尬。

幼儿园老师跟我说，我家的妹妹对于男生有的东东非常有兴趣，有时她都会要求幼儿园的男生脱掉裤裤让她看看。

那怎么办?

“看状况。通常都是因为上厕所她才会想到，这时如果小男生也不在意，愿意转过来让她看，那就让她看看倒是无妨。”幼儿园园长笑眯眯地跟我说。

然后不能避免的，有一天她也开始要求要看阿爸的。

让雅爸尴尬的好奇心

那是一个假日的清晨，妹妹吵着要看，我则在旁边看好戏，看他要怎么处理。

雅爸是个很重视隐私权的人，小雅两岁后，他们就算单独出去，他也不会带着小雅一起去上男厕。我是觉得这种事自然就好，而且总是机会教育。加上小孩还很小，我觉得没有太尴尬或不礼貌的问题。但雅爸觉得小孩嘴巴大，看到了除了问题一大堆，到时到了幼儿园还会开始跟同学与老师说讲些有的没的，他很不喜欢。

至于机会教育，雅爸一脸无奈地回答我：“他们在幼儿园男生女生一起上厕所，你觉得我们两个姑娘看同学的还不够吗？”

他这样说也是没有错。但小孩硬是要看，他怎么处理？

只见他抱着妹妹跟她说：“那是阿爸的重要器官，阿爸不想随便给人看。”

妹妹：“为什么？”

“因为阿爸不想，你要尊重阿爸的想法。”雅爸继续撑着。

妹妹：“为什么？”

就当两个人在那里坚持不下时，小雅突然插嘴了：“我老师说，穿比基尼泳衣时盖住的部位是很隐私很重要的部位，不可以随便给别人看或给别人摸，就算是爸妈或认识的人都一样。只有爸妈帮我们洗澡或医生护士帮我们看病时，可以看可以摸。”

妹妹：“为什么？”

小雅：“因为是重要部位啊。”（一副你怎么那么笨的样子。）

妹妹：“喔。”

然后她接着跟妹妹说：“你又不帮阿爸洗澡或看病，你干嘛要看他的阴茎啊？”一副口气很老成的样子。（哈，我忘了小雅在幼儿园也是继续在学习这个议题的，真是该跟她拍拍手。）

被小雅解救了的雅爸打火趁热地说：“还有，身体是自己的，如果你不想让人家牵手或亲亲，你也可以拒绝啊。就像阿爸不想把重要部位给你看一样。”

妹妹终于接受了阿爸的说法，不再坚持一定要看阿爸的那话儿。

但她到现在还是会在看到我换衣服时，跑来瞄着我的内裤说：“雅妈你没有阴茎啊？”“那阿爸有吗？”然后跑去拍拍雅爸的裤裆问他说：“阿爸你的阴茎在这里吗？”

第2篇

犹太教育教会我的事

在《小王子》（Le Petit Prince）中，小王子碰到了狐狸，询问狐狸什么是“驯养”（tame）。狐狸说，驯养就是建立关系。在驯养之前，小王子对于狐狸而言，只是千万个小孩中的一个小孩，狐狸对于小王子而言，只是千万只狐狸中的一只，没有任何特殊性。在以色列，他们对于父母与新生儿，有一套他们建立关系的方式与哲学：给予孩子最大的空间发展自己，并用科学的方式观察小孩。通过这样的方式，可以协助父母了解小孩的个性跟天赋，并且从中建立起父母与小孩独一无二的了解与互动关系……

为了那千万分之一的机率

《倾全村之力》（It takes a village）是美国前总统夫人希拉里（Hillary Rodham Clinton）写的一本书，内容指出养育小孩需要整个社群的共同力量。而在以色列，我亲身感受到的是整个社会在照顾小孩之前，就已经先花了很多的力气照顾孕妇……

那是我怀了老二后的事情。

怀了老二满七周，我的孕吐状况出现后很快就严重恶化：从早吐到晚，最后连喝水都吐了出来，晚上也不能睡。这样吐到第三天，雅爸决定送我去医院。医生看了验尿结果告诉我，我得了“妊娠剧吐症”：脱水、尿酮[1]。先送我去打点滴，补充水分。

① 当身体缺乏胰岛素时，糖分无法进入细胞，为了产生能量只好分解脂肪做为燃料，分解过程会释放的酸性物质叫做酮体，由尿液排出即为尿酮。

妊娠剧吐症？面对这个陌生的专有名词，我跟雅爸完全搞不清楚状况。怀孕孕吐不是很正常吗？所以是指比一般孕吐的状况还要再严重一点？那没有关系，打完点滴回家好好休息两天就没事了吧？

然而，休息两天后，状况并没有开始好转。我仍然是持续地、不间断地呕吐，一天呕吐次数超过20次，不是在厕所吐，就是吐累了在床上休息。不仅哪里也去不了，有时连起身倒杯水都有问题。

医生不开止吐剂

家里有幼儿，我还有工作，这样吐下去实在不是办法，再回头找医生，虽然这次没有脱水，但仍然有尿酮，体重已经减轻超过5%。医生开了单子，要我打综合维他命剂，住院观察。而综合维他命剂就是中国人俗称营养针的东西。

“不能给止吐剂吗？”我疑惑地问医生。

“不能。目前止吐剂都不符合孕妇用药A级标准。意思是，我们不确定药物对胎儿是否完全没有副作用，所以不建议使用。再说你只是孕吐，不是生病，没有必要冒任何风险吃药。打完综合维他命针后，你人会感觉好很多，接下来就是要努力喝水、吃东西……”医生这么说。

“这次打完后我就会强壮起来了吗？”我继续问。

“孕吐通常要过12周才会好转，综合维他命针会减轻你的孕吐状况，要趁这个机会多吃多喝，恶化就会慢一点。”医生继续解释。那意思就是说，打完针后我会觉得好一点，然后过几天就会回到剧吐的状况，然后又要住院打针一直到怀孕12周左右？

突然间，我跟雅爸开始发现“事情严重了！”难道为了怀孕，我得停止工作一两个月？

回到家后，我不死心地上网查资料，看到许多欧美国家及台湾地区的医生其实是愿意给孕妇止吐剂的。但止吐剂都是孕妇用药中的B级或C级药物。意思是，孕妇吃了这个药，不确定对胎儿有害，但可能有很低的机率是对胎儿有害。

接下来几天，我们询问过其他公私立医院及药剂师。所有的人异口同声地说：“不需要吃药，熬过12周就好了。”雅爸及帮忙找药的婆婆甚至受到医生与护士的责骂：“吃止吐剂很有可能造成胎儿畸形，这样值得吗？”

就这样，为了我们不清楚到底是几万分之几、几十万分之几，或是几百万分之几会造成胎儿伤害或畸形的机率，我的孕吐在以色列这个以“制药”闻名的国家，竟成了“没药可医”的症状！

三天后，我跟雅爸相继放弃找药的可能性。两个人回到现实中来谈目前我们的处境：

我们要不要这个孩子？要！如果我得这样吐到怀孕12周，那未来的一个半月，要怎么处理我们的工作以及才两岁多的老大小雅？

怀着感恩的心，继续孕吐

首先，我先打电话给我的老板，跟她细谈我的状况。老板听了沉默了一下，然后告诉我：

“雅妈，首先，恭喜你怀孕了。其次，你不用担心你会因为怀孕而被解雇。如果我这样解雇你，你可以去法院告我，除了被重罚，我幼儿园的声誉也会毁了。”她半开玩笑半认真地跟我说。“第三，如果医生告诉你这样孕吐对于你的健康无碍、对于胎儿的健康无碍，你就撑下去。另外，就我的经验，你在怀孕12周之前回来工作的机率不高。我建议是不是你就先请病假请到怀孕12周，到时我们再来看你的状况做安排？”

老板的这番话让我大吃一惊。哪有老板会支持雇员在家卧床一个半月的？我想我真是太幸运碰到这种好老板了！

搞定我的病假后，接下来的问题是：那家事跟小孩的照顾怎么办？

一直以来，都是我接送小雅上下学、陪她去公园、陪她看电视……一直到下午五六点，雅爸回家后分担我的照顾工作。现在我吐得动弹不得，雅爸必须早上送她去幼儿园，下午四点接她回家。中午有时还要送便当给吐得爬不起来的爱妻，她起来喝水、吃东西、确定她没有昏倒在家里……

这意味着：雅爸必须每天晚到早退，而且还会中途离开工作岗位。

雅爸跟他上司商量过后，决定发电子信跟给他工作关系较紧密的公司内部相关人员，告诉他们，在我卧床期间。他调整成“动态工时”。他告诉大家，他老婆得了妊娠剧吐症，他必须接手照顾幼女，所以无法常常在公司，请大家体谅。他的部分工时移到每晚九点，等幼女睡觉后进行，如果大家有需要，晚上可以打电话给他。

雅爸跟上司的商量结果，让我再一次感谢自己的幸运——不只是老公很支持，连老公的上司都很支持！

就这样，我们两个各自取得上司的谅解，我怀着感恩的心，安心地持续我呕吐不止、三五天就要上医院打点滴的日子。

鼎力相助的温暖与人情味

孕吐的时间拉长之后，各种意外状况陆续出现，各种我事先想象不到的协助也陆续出现。

雅爸有时因为工作的关系，会突然中午赶不回来帮我送中餐。本来我打算就以干粮打发，但我婆婆与雅爸的同事却自告奋勇帮我送中餐。

“吃得下去时就要吃，就算后来不舒服，至少还有东西可以吐。”深知我喜欢热食的婆婆，送饭时这样跟我说。而雅爸的同事送饭来时，则会打手机通知我后，把食物放在门口就离开，让我不用急着从床上爬起来开门。

而这段期间对于长女小雅而言，是非常困难跟辛苦的。她无法了解：为什么妈妈突然不带她去公园玩耍、常常不见人影、有时甚至是看到她也不抱她。她的情绪变得很不稳定，特别是看到妈妈时会故意闹脾气，在幼儿园也常常无故哭闹，让老师们非常的头大。

就在我们开始觉得心有余而力不足、有些束手无策之时，我的同事跟邻居们突然纷纷致电主动提供协助。

我的婆婆开始在周末把小雅带回家几个小时，除了让雅爸可以休息一下，也让小雅多了一份亲人的关心。而我的同事跟一些小雅班上同学的妈妈，也告诉我们，她们可以在小雅放学后带她回家玩耍，这样她可以不用一放学就面对一脸病态的妈妈。

一些平常也只是小孩常常在公园一起玩的邻居们，则隔三差五打电话来邀请小雅去他们家跟小孩玩耍，甚至是包办小雅的晚餐；也有邻居直接跟我们说，如果我是晚上临时得跑医院，她的老公可以带我去，省得晚上父母都不在家，小雅孤独害怕……

就这样，为了胎儿的健康，我在家卧床孕吐了快两个月。而为了胎儿的健康，我周围的人们也都支持医生的做法，提供帮助，让我可以没有后顾之忧地继续怀孕下去。

碍于文化与语言的关系，我在以色列并不是一个外向、有很多朋友的人。这次怀孕后，面对同事与邻居们的主动相助，让在异国生活的我，感受到空前的温暖与人情味。到最后我真的觉得自己实在是太过于幸运，幸运到真的要“谢天谢地”啊！

以色列这样提高生育率

后来有次跟雅爸谈到，以色列社会对于孕妇的理解及包容性、雅爸公司的好政策，以及让我想要感谢上天的幸运。雅爸听完后笑着说："你以为你很幸运？别傻了，我上司或你的上司并没有提供我们特别的优待。妇女怀孕时的状况很多：有些人不能自然怀孕得要做治疗、有些人怀孕之后因为种种原因得要安胎……这是职场上常见的问题，你也不是第一个因为孕吐需要卧床的人。我们的上司只是依前例做事而已。"

"同事与邻居的协助也不只是因为他们热心或我们人缘太好。等你在以色列再待久一点，看到孕妇或小孩有困难时，你也会主动去帮助他们。因为在以色列这个国家，照顾孕妇是社会的共识之一，不然以色列的生育率怎么会这么高？"他继续说道。

啊，这真是一言惊醒梦中人！根据2009年世界银行的资料，以色列的生育率（每名妇女平均生产胎数）是2.96，这个2010年国民平均所得（GDP）为26874美元[①]左右的国家，是发达国家中生育率最高的国家。

这个国家，没有什么"生第三个，国家养到大学毕业"之类的生

① 根据INIF World Economic Outlook（WEO）2011年的资料。

产奖励方案，生养费用也不低，所以，我本来以为以色列的生育率是被不节育的犹太宗教家庭以及阿拉伯人所“撑”起来的。

直到这次怀孕，看到自己周遭人士（从医生到雇主到邻居）面对孕妇的态度，才真的了解，一个国家要提高生育率，真的不是政府做做广告，要求高学历妇女要生产，或是第三胎补助个几千元之类的就可以成事的。

所以，要提高一个国家的生育率，还是要先培养出大家一起“倾全村之力照顾孕妇”的社会吧！

像家的产妇病房

产房既然是医院的一部分，再怎么样也很难像住在家里吧？但在以色列这个高移民率的社会，太多只身来以的人们，缺乏家庭跟亲友的支持。所以妇产科里的医生跟护士，除了治疗病人，也扮演起“类家人”的角色，而这里的产房，真的很像家！

我住的地方临近红海，也临近以色列最南部的大城伊拉符（Eilat）。这里的“大城”跟我在家乡习惯的印象不一样，以色列地小人稀，所谓的大城，也只不过是个五万人居住的地方。而这个城市，也只有一家地区型大医院。

自从怀孕后，这家地区医院我已经来了无数次：从产检、自费的高阶超音波检查、羊膜穿刺检查、参观产房，与护士长谈生产过程、医院对于医疗介人生产的态度与我可以有的决定权，甚至怀孕后期每次自己测不到胎动就来挂急诊，等等。九个月下来，去医院的妇产科就像去我家的厨房一样，锅碗油盐在哪里我都一清二楚。

我的主治医生是个俄罗斯裔犹太人，长得跟熊一样高大。怀孕后期到医院做胎儿心音监听检查时，常常看到值夜班后的他，一大早穿着拖鞋、披着医袍、没刮胡须在妇产科查房，偶尔还会跟护士讨价还价、大呼小叫一下。跟我在台湾看到的衣冠楚楚、一副高级知识分子模样的医生很不同。他的个性温和友善，唯一的问题是英文不太好，我的希伯来文又很差，常常去做例检时，如果我的老公没陪着，他都得拉个护士做翻译。

妇产科的主力其实是护士。我很喜欢这家医院的妇产科护士，几乎每个护士都有着甜甜的笑容，以及妈妈式的大拥抱加鸡婆问候。以色列虽然没有助产士制度，但整个生产过程几乎都由护士主导、由护士陪着产妇，直到需要医生时，才会呼叫医生。护士们也都不大惧怕医生的权威。有次护士看不懂我主治医生开出来的医嘱，直接杀到问诊室问医生，问完还在门口回了他一句："你的希伯来文那么差，字又写得那么丑，该回小学去念一年级。"看诊室里外的病人听到后都笑得合不拢嘴。

而这里的产房很像家，是我觉得最特别的地方。第一次生产住院，让我有了这样深切的亲身体验……

生老大时，本来打算要自然生产的我，由于产程拖得太长，破水超过24小时又发烧呕吐，最后还是被推进手术房进行剖腹产。生产完被推出手术房后，我已经身心俱疲。雅爸急切地走到我旁边："亲爱的，恭喜你做妈了。"他很高兴地跟我说："好大好漂亮的一个女婴，我刚刚抱了她一会儿，还照了相！"

"那……"虽然知道他很兴奋，我还是打断他的话。"亲爱的，我好冷也好累，好想睡觉，你要不要就先回家了？我们明天再说？"我这时有气没力，虽很想跟他分享我在手术房的害怕和恐惧，以及第一眼看到女儿的感觉，但历经超过24小时的生产奋战后，我，只想睡觉。护士长前来打招呼，看了我的状况后说："你现在很虚弱，而且有轻微发烧的状况，我建议你打×××，有退烧镇痛的功用，而且药性不强，会让你有些昏昏的，可以好好睡一觉。"我点了点头，管它是什么，只要能让我休息就好。

我就这样打了支不知道是什么药的针，在护士拿来另外三件毛毯后，温暖地沉沉睡去。

半夜不准下床

不知睡了多久后，我突然醒来，四周环境一片黑暗。打量了一下，才发现换了房间。我的床在最靠门旁。应该是晚上我睡着后，雅爸打点了房间。我左摸右摸，摸不到我的手表及移动电话，搞不清楚是几点钟。躺了很久，下半身不太有知觉，感觉还插着尿管，不是很舒服。我心中盘算着：晚上九点多睡的，现在醒来，觉得睡饱了，那应该快天亮了吧？

自从打了无痛分娩针后，我就一直没有起身，躺得好累，实在很想下床走走，但不大能移动自己的身体，也许可以请护士帮忙？想着想着，就伸手拉了铃。

过了没多久，一位睡眼惺忪的老护士走了过来。

“我想要下床……”我话还没说完，就被她的手势打断。

“不行，你要等8点其他护士来，才能带你下床洗澡。”她不大高兴地说。

“那现在几点？”我再问。

“现在3点20分，”她回答，“你再睡一下吧。”说完就离去了。

3点20分！看来我的生理时钟有些错乱了，难怪她看起来老大不高兴，大概是被我吵醒的吧？还有5个小时，要做什么呢？只能再强迫自己多睡一会儿吧。我叹了口气，闭上眼睛，开始数羊……

好不容易等到8点，一位新护士带着一杯水、两颗药出现在我床前。“这里两颗药，一颗是抗生素，一颗是帮助子宫收缩，先吃药，我帮你拿早餐到床边，等吃完早餐，再带你去洗澡。”啊？洗澡要护士陪？不能老公或其他亲人陪吗？

“什么时候会有人来陪你？”护士打量着我这个外国人，这样问我。

根据犹太人的习俗，要等宝宝安全生下来了，才能开始打点宝宝房。雅爸跟我婆婆一早就采买去了，最快也要等下午才会来看我。

“你不用等到下午啦，你昨天吐得整个头发都是，早点洗完澡，你也会觉得舒服点。而且之后可以开始慢慢走动，可以去看你的宝宝，开始喂母奶。”护士一脸“我就知道没有人来陪你”的表情。

洗澡不能关门？

用过早餐后，护士扶着我下床，然后在旁边看着我，陪着我慢慢地走进浴室。洗澡前，她要求我不要关门。

“啊？不要关门？”我不能理解地问。

“我陪着你来洗澡，就是要全程看着你，确定你一切安好，不会在浴室滑倒或昏倒。”她解释说。“你昨晚才动完手术，人并不强壮，要以防万一。就算有家人在，我们也都会在一旁陪着。”

我点了点头，认命地开始脱衣服洗澡。我知道自己还很虚弱，老公又不在旁边，昨天生产过程吐得整个头发都是，很想赶快洗澡洗头。既然没有其他更好的选择，就克服一下得在陌生人面前脱光衣服的尴尬吧。

生产完后，产妇会有恶露。这位护士没怨言地帮我替换卫生棉，在一旁帮我倒洗发精、递毛巾，不时碎碎念要我注意水温、注意姿势、不要滑倒。洗完澡后，她知道我不方便弯腰，还拿了毛巾蹲着帮我擦脚、协助我穿衣。

整个洗澡的过程，我的心情从吃惊、尴尬转为感谢。我想，就算家人在旁顶多也就是做到这样了。

寂寞啊，异乡生子

洗完澡，人轻松了起来，觉得自己又像是活了过来。回病房的路上，我跟护士道了谢。“亲爱的，不用谢，这几天就把这里当自己的家吧。”护士亲切地笑了笑，对我说：“如果你接下来还是觉得虚弱，不确定可以自己一个人上厕所或洗澡，只要告诉我们，就会有人陪你去。”

“嗯，好客气、体贴的护士！”那时这样想着的我，其实没有了解她说的“把这里当自己的家”是什么意思。至于上厕所、洗澡这种事，我以后还是自己来吧。

回病房后打电话给雅爸。他跟我婆婆正在大采购。他跟我说，大家下午六点左右才会到医院来看我。挂上电话，发现隔壁房年轻妈妈的亲戚五十（请用闽南语发音）来了一堆，每个人叽叽喳喳，十分嘈杂。年轻妈妈的小孩被每个人轮流抱着，大家争执着他的长相像妈妈或像爸爸。而年轻妈妈的母亲一进门就抱怨房间不干净，去跟护士要了拖把，又把病房打扫了一次。

看着隔壁床的热闹，我半躺在床上，第一次感受到异乡生子的寂寞。

护士、产妇一家亲

我有着很好的公婆，有着很好的男方亲戚。来到以色列之后，他们都很尽心尽力地帮助我适应环境、融入新家庭。然而，生产这件事，却让我十分希望有自己的家人相伴随。在这个时刻，可以用自己的母语，不必花太大力气地跟家人说说话、聊聊天……

可能是发现我一直只有一个人，隔壁床的热闹很快就蔓延了过来。年轻妈妈的母亲，先来跟我打招呼，问候我的状况，跟我抱怨她的小女儿（那位年轻妈妈）娇生惯养。等她察觉到我的希伯来文不太流利后，干脆到外面绕了一圈，找了个住在别间病房、从美国移民而来的犹太产妇蜜雪儿来跟我聊天。

从蜜雪儿的口中，我得知目前妇产科住了7个女人，6个刚生产完，1个来安胎。其中3个是从前苏联国家移民过来的，2个是在以色列出生成长，剩下的一个是她，另一个就是我。

“伊拉特是个小城，大家互相都认识。”蜜雪儿这样跟我说。

吃中餐时，蜜雪儿带着我跟大家认识、帮我拿餐盘，7个初见面的女人，坐在又是会客室兼餐厅的大厅里，七嘴八舌地谈论各种恐怖的生产过程，怎么找到一个技术好的拉比[①]主持割礼，又怎么减轻生

① 拉比是犹太人中的一个特别阶层，主要为有学问的学者，是老师、也是智者的象征，社会地位十分尊崇。拉比的社会功能广泛，尤其在宗教中扮演重要角色，是许多犹太教仪式中的主持。

产后伤口的疼痛……一点都不像是刚认识的样子。

我也发现，大家都认识妇产科里的每一个护士，叫得出每个护士的名字，也都有护士长及育婴房护士的手机号码，随时有问题都可以找得到人帮忙。

由于蜜雪儿的帮助，早上对于异乡生子的忧伤，很快就被各种产妇、医生、护士的八卦以及频繁的病房聚会给稀释掉了。

医护系统提供家庭支持

傍晚，公婆、老公大哥一家五口、老公、我两个邻居好友，全部挤到医院来看我。晚上8点，再度去喂一次奶后，我上床睡觉。

晚上10点钟，我在隔壁房的号啕大哭声中惊醒。

隔壁床的年轻妈妈无法用英文告诉我发生了什么事，我只听懂“真是悲伤、真是悲伤”的希伯来文。她跑到隔壁房后，我忍住腹部的疼痛起身，拦住在大厅里跟护士长说完话的蜜雪儿问个究竟。

“那个来安胎的孕妇，晚上发现没有胎动，去做了检查后，确定胎儿已经没有心跳。”蜜雪儿跟我说。“胎儿都7个月大了，真是令人难过啊。护士长说，她跟她老公两个人在以色列，什么亲人都没有。在这里只有我们，护士长要大家去安慰她。”

蜜雪儿嘀嘀咕咕的："可是我又不是念咨询的，我怎么知道怎么安慰她？在美国这种时候都有专门的社工人员及咨询人员负责辅导，以色列实在太不专业了。……不过，我们不去，还有谁能安慰她呢？我现在去看看她、陪陪她啰，再聊。"说完，她也进了还在大哭的女人的病房。

面对这种状况的我，站在病房前，完全不知所措。从小接受教育里，不曾学过如何对一个陌生人表达爱与关怀，相对于这一整天接受到那么多大大小小的照顾，我真的不会、也不知道要如何在这个时刻付出。

半个小时后，护士长带着已经她走出病房。"好了，勇敢地面对，今晚就将这一切悲伤结束掉。"护士长带着她前往产房的途中，这样说着。我不知道她的老公在哪里，为什么没有来陪她。但我知道，她今晚会有护士及其他产妇，陪她度过最困难的时刻。隔天中午，肚子扁平的俄罗斯女人，收好行李，在大厅跟大家告别。"明年在这里跟我们再相逢。"护士长亲了她后，亲切地跟她这么说。

也正在大厅吃饭的我，鼓起勇气走向她，给了她一个拥抱，祝她一切顺利。这是我入院后第一次跟她说话。她丝毫不扭捏地回抱我，还亲了我一下，也要我保重。

看着她离开的身影，我突然想起，以色列是个多移民的国家。每年的移民中，大多数的人都跟我一样，只身来以。这使得大部分的公共机构在制定制度时，必须补足缺乏家庭支持的那一块；这也使得大部分的人，对于异乡人有着高度的同情心及爱心。

我这时才了解，昨天带我去洗澡的护士说的那一句："把这里当自己的家吧！"并不是客套话，而是实实在在的属于医护关系以及医院制度的一部分。

奇怪的感官统合检查

早疗一直是以色列幼教的强项，而要提早治疗，就要先提早发现。要提早发现，自然要提早做检查。问题是：三四个月大的宝宝，真的可以看出什么蹊跷？职能治疗师检查了小雅之后，告诉我说……

长女小雅送到托婴中心后不到一个月，园长通知要做婴儿发展状况检查。这项检查是他们的例行工作，请来感官职能治疗师帮新进的婴儿做物理检查，看看婴儿的发展是否正常。园长的说法是，婴儿如果有感觉统合或心理、生理的各种困难及问题，三四个月大就看得出来，愈早发现愈容易治疗。

我知道早疗一直是以色列幼教的强项，但这么早就开始检查真是令人吃惊。这么小的婴儿到底能看出什么来呢？我实在是很好奇！

到了检查的那一天，我带着满肚子的疑惑，与被我要求请假的雅爸一起到了托婴中心。走进托婴中心，一个保姆抱着小雅等我们。“她很累，一直都没睡。”保姆把她交给我时这样说。

哇，我两个半小时前来喂奶，她通常醒来后一到一个半小时就要睡觉了。

“这个你拿着，如果等一下做检查时她哭了可以用到。”保姆拿了小雅的奶嘴给我。

嗯，虽然小雅几乎不吃奶嘴，但她累了，而且听说检查要一个小时左右，奶嘴还是带着保险。

进了另一个小房间，园长及职能治疗师在那里等着我们。自我介绍一番后，职能治疗师详细地问了我怀孕、生产的各种状况、小孩出生的周数、体重、个性、睡觉及洗澡的状况后，我把小雅交给她，检查开始。

“好玩”的检查

职能治疗师先把小雅放躺在地毯上，对着她说话。我家这个宝宝是个社交女神，就算在极度疲累的状况下，还是对职能治疗师展现了迷人的笑脸。职能治疗师先把她的双手拉到头顶、双脚推到胸前，我想，这是在测试身体的延展度。可能是以为职能治疗师在跟她玩耍，整个过程中，小雅一直咯咯地笑着。

然后，治疗师拿起一个玩具，让小雅盯住后，把玩具移往前、后、左、右，试探小雅的眼睛和头是否跟着玩具转动。“完美！”治疗师放下玩具，笑着说。

接着她把玩具放到小雅手可以抓到的地方，等着小雅伸手把玩具抓住，塞到嘴里，开始玩耍；在这个同时，她用另一个小玩具在小雅的头两侧拍打发出响声，小雅仍然自顾自地玩玩具，治疗师一副很满意的样子，把玩具收起来。

早期发现，及早调整

最后，困难的来了！治疗师把小雅的身体推向一边，让她自己用腰力翻身过去，开始检查小雅趴着的状况。

小雅趴下后没多久，就两手往前挫，头枕着地撑不起来，开始发出哼哼的叫声。做妈的我，第一个反应就是她累坏了，她每次累了就会头倒地爬不起来，也就会这样哼，再哼下去，就要开始哭了。我还没开口阻止，治疗师就把小雅抓起来，再放下去，她又是几秒钟后就怪叫。“我觉得我们今天到此……”我开始心慌，觉得检查的时机不对，干脆下次再检查好了。但话还没讲完就被打断。“你们看到没？”治疗师说着：“她的腿太有力，所以趴着时，只要两腿一蹬，整个前半身就会倾倒在地上，撑不起来，也就是呈现小Orz的姿势，手跟头都抬不起来，搞得她很受挫折；她愈受挫折、愈挣扎，脚就蹬得更严重，头跟手也就愈撑不起来。”

她一边说，一边把小雅的上半身移到一个大垫子上，下半身还是顶着地毯。“现在好多了吧。”她拿了个小玩具给小雅，趴着的她，伸手抓住玩具，竟然又开始玩耍了起来。“最近很多婴儿都有这个问题，通常都是因为婴儿不喜欢趴着，父母又没给小孩练习的机会。”职能治疗师这么说。

做妈的我，看得目瞪口呆。是啊，小雅不喜欢趴着，每次我放她趴着时，她总是一分钟不到就开始哭，我又很害怕小雅哭，她一哭我的肠子就要绞起来了。所以虽然很多人提醒我要很坚强地帮她做练习，我总是做不到。小雅三个月大时，几乎没有趴着的经验，所以头也抬不起来、手也撑不起来。

提供均衡发展的照护技巧

“所以，以后她趴着时，你们要放个垫子在她胸前，让脚支撑一部分体重，这样能帮助她训练手的肌肉。”她一边说，一边拿着玩具，又玩起向右转、向左转的游戏。头眼跟着玩具向右转后，小雅看到了妈妈，开始盯着妈妈看，不愿意跟着玩具向左转，治疗师试了几次，小雅就是不理玩具。

治疗师将小雅转了个方向，又试了一次，这次就成功地从左到右，转了180度。“会认妈妈了呢，很好、很好。”治疗师笑着说。

接着，治疗师将小雅放回地毯上。这次，她没有往前倾，但却开始做特技表演“单手伏地挺身”，整个左手往后抬起，全身的重量放给右手撑着。撑着地的右手，是握着拳头，而不是手掌张开。

治疗师看了看，转过头跟我们说：“这个年纪的婴儿，基因中左右手的喜好还没开始呈现，所以婴儿应该要平均使用两手。小雅右手用得太多了，这并不好。也许她是左撇子，但现在有些外部环境让她一直使用右手，以后她就会只使用右手。”

随后我们一直讨论是什么环境的因素，造成她使用右手多于左手，也许是床的位置，也许是我们抱她的姿势……

“可以试着把玩具放在她的左手边，跟她握手时握她的左手，睡觉时头偶尔要朝东、偶尔要朝西，不要一直睡同一边……”治疗师提了些帮助小雅发展两手均衡使用的方法。

婴儿应该均衡使用两手？小雅常常在家里做“特技表演”，所以她偏爱使用右手的这个状况，我早有发现，我并没想太多，不知道这里头还有学问。

“另外，小雅的手掌没有张开，是因为手掌心的刺激不够，她感觉不到自己有手掌，所以都不用它们。”治疗师接着说，同时示范按摩她手掌的方式。

哇，难怪每次她抱着奶瓶，都是用手指头，而不是手掌整个贴住奶瓶，我还一直觉得她好秀气，原来是她还不知道自己有手掌。

检查到此，已经撑了三个半小时没有睡的小雅，终于忍不住大哭了起来。“是该回妈妈怀抱的时候了。”治疗师将她推向我。

我横抱着小雅，奶嘴塞住她的嘴巴，一手轻拍屁股，一边跟治疗师谈结论。“小雅很可爱、发展得很好……今天提的问题都是小问题，注意一下就好。”治疗师这么说。

小雅通常偏好睡在床上而不是人的怀里，但那天可能太累了，我持续拍着她，几分钟后，她哼了几声，在我的怀里睡着了。“今天就到这里吧，我过几天会把报告寄给你们。”治疗师看着睡着的小雅，再看看我，很满意地说。

早疗测验也是检视大人的教养能力

不知为何，当治疗师给我最后的微笑时，我觉得自己也被“测试”了。

隔几天工作闲暇时，跟我工作的幼儿园园长聊起这项检查，我纳闷地问她：“这么早检查，真的有用吗？”

“有效啊，这项检查已经进行很多年了。”园长说：“有人认为我们是矫枉过正，但站在我们的立场，使用科学的方式对小孩进行早期观察跟检查，那是对小孩及父母最好的事。像是宝宝是否有听力、视力的问题、是否有严重感官统合不良的问题、是否有自闭症或发展缓慢的迹象，大致都可以从这次检查中发现。像是你园里的椰枣儿，当初我们就知道她必须进行早疗。”

椰枣儿是我工作园里年纪最小的孩子，是个金发蓝眼的小女生。如果单看照片，大部分的人都会觉得她可爱又漂亮，特别是那对大大的蓝眼睛，实在很迷人。然而她是个情绪起伏极大的孩子，每天在园里9个小时，不是在尖叫（不管是高兴或是生气）就是在哭泣，鲜少安静下来。她两岁了，牙齿还没长齐，也还没有完全脱离口腔期，抓到什么东西，就一股劲儿往嘴里塞。

她对陌生人很有戒心，需要很长的时间，才会愿意接纳新的保姆及老师。去年八月换园时，新的幼儿园里她只认识我一个，所以我们两个就像是被强力胶粘住一样，我走到哪里，她就跟到哪里，我一离开她的视线，她就五体投地地狂哭，搞到最后，我都快变成她的专属老师。

因为椰枣儿是园里最小的小孩，对于她的很多行为，我也就一直当她年纪小，没有想太多。生完小孩、放完产假回来后，因为自己有了小婴儿，我看椰枣儿身心发展的角度，才开始变得不一样。

举例来说，婴儿与两岁的小孩，看到自己喜欢的人时，会有不一样的反应。我的幼儿园里两岁左右的小孩，会大叫那个人的名字、跑向他、抱他；酷一点的就装做没看到，或站得远远的对那个人笑，等那个人过去亲他……这是一般小班小孩的反应。

婴儿呢？我家小雅懂得认我以后，每次睡醒哭泣，只要一看到我，不仅会破涕为笑，高兴得拳打脚踢，偶尔还会发出粉丝看到偶像的尖叫声。这是一般婴儿的反应。而椰枣儿呢？她的最爱是爸爸，每次看到她爸爸时，她会发出尖叫声，突然趴到地上去，再突然站起来走来走去，但就是不走向爸爸……

是的，只要用看婴儿的角度看椰枣儿，就可以理解她行为的特殊性——她的许多反应，还停留在婴儿阶段，并没有随着生理的成熟（会走、会跑）而成熟。

“她三个多月的那次检查，就看出她需要很多的肢体接触，例如亲吻、拥抱、按摩。”园长说：“那时也就发现，她妈妈对宝宝比较没耐性，而且宝宝哭时，妈妈会不知所措，不知如何安抚。”

“这就对了！”我心里想着。所以小孩的问题并不是发现了，就可以解决，特别是很多问题是出在大人的教养能力上，使得小孩没有办法从双亲那里获得即时需要的协助。也难怪我一直觉得那天我也被“测验”了。果然母子关系及互动，也是测试的一部分。

园长接着说：“其实这些都是相关的，椰枣儿特别需要有耐心、懂得如何拥抱小孩的妈妈，但她妈妈并无法提供她这样的帮助，所以椰枣儿的发展会比一般小孩慢一点点，也是可以预测的。”她接着说：“还好，她的问题并不大，我们只要耐心地提供帮助，她以后就可以正常上学，做个正常小孩；如果不处理或发现较慢，以后就要花更多心思，接受更多治疗了。”

至少，椰枣儿的妈妈在一年半后，通过种种例行检查，也终于了解了椰枣儿的需要跟自己的不足，愿意向幼儿园老师跟治疗师求助。

“福气啊！”我还是想跟椰枣儿这样说。

喂食，也是一种暴力

小孩不喂怎么会长得好？我一直都记得老人家当初跟我说的话。然而在以色列养小孩，大家却一再叮嘱我，得让小孩自己动手吃饭，还告诉我，硬喂小孩，是大人对孩子“施暴”！啊？喂食真的是这么负面的事情吗？

长女小雅出生后，我一直面对无法全母奶的困境。

一开始是还在医院时，吸母奶吸了一个小时后的小雅，突然饿得哇哇大哭。护士判断是我生产打无痛分娩针，又剖腹，又发烧打抗生素，引起了短期奶水不足。于是那时给了小雅配方奶。

回家后，做过很多尝试，像是每两个小时把小雅抓来喂奶，不管是她在玩耍、睡觉或饿不饿，而我也在喂奶间隔自己试着挤奶，更问过很多人如何处理。

但我其实很清楚自己的问题：无法转成全母奶，主要的原因是我不相信自己喂得饱小雅。所以喂了母奶后，只要小雅一有抱怨，我就会再给配方奶。因为自己的反反复复，尝试了两个星期后，母女两人都严重睡眠不足，心情不好。

为什么一定要全母奶？

以色列的女友诺妮来拜访我，听我诉说这两个星期的种种“惨状”，看到累得半死的婴儿及母亲，忍不住地问我：“你为什么一定要全母奶？”

“啊！大家都说母奶是对小孩最好的食物不是吗？”在以色列，喂母奶这件事情被大部分的妇女视为“圣经”，神圣而且非得执行不可。我很讶异生了三个小孩、一直都是全母奶的诺妮有这种疑问。“母奶有很多种成分是配方奶无法取代的啊，而且吃母奶长大的小孩比较不会过敏、抵抗力比较好……”之前我看到的联合国报告是这样写的。

“是啦，这个我都知道，亲爱的，但还是有很多母亲无法喂母奶，或是全母奶，这也不是什么罪大恶极的事。”诺妮温柔地说：“每个母亲都要找出适合自己及小孩的方式，毕竟婴儿最需要的是爱，不是母奶。”

“饶了你自己跟小雅吧！你这样隔三差五地叫醒小雅喂母奶，某种程度来说也是一种暴力！”她还强调，“把挤母奶的时间拿来抱小雅，让她感受爱与互动，对她的帮助会更大一点。”

那一刻，我有些觉悟，决定就持续半母奶半配方奶的喂食。小雅让她睡到自然醒，我也趁小雅睡觉多补充睡眠，不再一有空当就拿着挤奶器压迫自己。

等我释怀后，母女的互动明显好转。我不再强迫她一定要喝母奶，睡眠比较充足，我的心情也相对好很多；而小雅则是在我不压迫她一定要吸母奶后，反而很赏脸地一直半母奶、半配方奶地喝，没有奶头混淆的问题，就这样一直喝到六个月。

让孩子有机会表达自己

三个月大后，小雅进了托婴中心。当时我跟中心的保姆说过，她大概三到三个半小时吃一次奶。然而进托婴中心的第一天，我等了超过三个半小时，还没等到托婴中心要我去喂奶的电话，忍不住拨电话过去问。

“小雅玩得很高兴，看起来不饿啊！”保姆这么说。

“那……那怎么样才算饿呢？”我问道。

“这个年纪的婴儿，饿了就会表达他的不满足啊，通常是会哭泣！”保姆不解地回答。

“可是……可是我家小雅很少饿了会哭啊，我都是在她哭之前就给她奶喝的。”我有些担心地说。

听到我这样说的保姆，请我找个时间去跟他们谈谈。从对话中，我才发现到我跟很多新手妈妈一样，受不了自己孩子的哭声，所以会抢在孩子表达之前，“设身处地”地替他做好所有事，譬如还没饿就喂食，或是还不困就赶快抱去床上。

“这个年纪的婴儿，哭泣是一种情绪表达及对话方式，你要给小雅表达自己需求的机会。”保姆有些开玩笑地说。“那也是一种重要的学习。每个人都有求生的本能，当他们有机会表达自己的需要，需要又获得满足时，才会建立起对世界及大人的信心。你什么都先替小雅做好，她不用发声就可以得到一切，其实是你在剥夺她的学习机会，是一种暴力。”

“其实过3个小时时，小雅有唉了几声。”保姆接着说：“但我们拿新的玩具给她，她就又继续玩耍，这代表其实她并没有真的饿。如果没有真的饿就喂食，小孩容易吃饭不专心、吃饭吃很久、一边吃一边玩，以后不容易养成良好的吃饭习惯。”

原来喂食有这么大的学问啊！

自己动手吃，是游戏也是学习

满6个月后，小雅长了牙齿，也开始明显地拒喝母奶。断了母奶后，还是喝配方奶，托婴中心的园长跟我谈了一阵子，我们决定开始给予小雅副食品。我人在以色列，小孩生在以色列，副食品要怎么吃、怎么喂，都依照以色列目前幼教的方式来做。

所以，从小雅开始吃副食品后，我只喂她喂了很短的一段时间（大概是两个月左右），之后她都是自己吃，用手吃。

用手怎么吃呢？一开始，我把小黄瓜切条、番茄切片、黄起士切片、面包一整片给她。一岁前苹果及葡萄这类东西不能整颗或切片给婴儿自己吃，所以就磨成水果泥，然后整碗给她用手吃。婴儿的吃饭行为是可以预期的：一开始肚子饿，所以很认真吃；等到吃饱了，剩下的食物很快就转变成玩具。常常吃饱后，水果泥早就被她拿来敷面、护发，整个地板、儿童座椅到处都是食物残渣。

我也早早就学会在她吃饭前，先在她的座椅下铺上报纸。晚餐前先放好洗澡水，等她吃饱，如果状况太“惨烈”，就直接丢到浴缸里洗澡。

公婆对于我们这种新式教育法十分震惊。婆婆告诉我，在他们的年代，小孩到一岁之前不吃任何固体食物，所有的食物都用果汁机打碎，自然也是由大人喂食。

然而目前以色列的幼教哲学相信“吃饭也是一种玩耍及学习”。首先，小孩自己吃饭，可以训练眼手协调度及手部小肌肉灵活度；其次，小孩自己吃饭，可以协助他发展属于自己的食物喜好。幼教老师甚至可以从小孩吃饭的方式与对食物的选择，早早看出小孩是不是有感官统合的问题！

这样的说法，也就是告诉硬是要拿汤匙喂食儿童、硬是规定儿童什么都要吃的父母：你在剥夺小孩的学习机会！你在错失了解你小孩的机会。

小孩决定要不要吃

虽然我来以色列后入乡随俗让小雅自己吃饭，有些时候我还是忍不住动手喂，特别是碰到她生病胃口不好时。

我还记得小时候生病妈妈喂我吃饭，她一边喂一边说：“要多吃才会快好啊，再吃一点、再吃一点！”当时没胃口不想吃的我，也会在妈妈这样的温柔胁迫下，多吃一点饭。

有次小雅生病，在餐桌上不肯吃饭，心急又心疼的我，忍不住拿起她的碗筷哄了又逗，希望她能多吃几口。那天应邀来跟我们吃晚饭的婆婆看到这个状况，说了个故事："雅爸大哥的小孩凯伦小时候生病不肯吃，她妈妈也像你一样一直喂她。凯伦认命地吃了好几口，后来整个吐出来，人更加不舒服。"我婆婆说："小孩听得到身体的声音，知道自己要不要吃，大人真的不用强迫喂食。"

"我们虽然是战区，但不缺粮食，你不用担心会饿到自己的小孩。"公公接口开玩笑说。长辈说到这里，我突然想起之前跟幼儿园同事提过小孩拒食及偏食的事，同事很诚恳地告诉我，对于喂食这种事，以色列幼儿园的原则是："大人决定什么时候吃、吃什么。小孩决定要不要吃、吃多少。"大人绝对不强迫小孩吃饭，因为那对小孩而言，是一种暴力，是大人告诉小孩：大人可以用权威、力气、哄骗，要小孩做不愿意做的事！

我自认自己是个开明而谨慎的妈妈，然而在喂食这件事上，却三番两次地被提醒"不要对小孩行使暴力"。看来，关于儿童成长这件事，我还有许多需要学习的地方。

向学步车说不

哪个父母不希望看到自己的宝宝早早开始走路？早早走路不就跟早早识字、早早会数数一样是小孩聪明的表现？怎么以色列这里，都不买学步车给宝宝使用啊？

我的好友小云有跟我家老大年纪差不多的男生，我们两个常常在网络上分享育儿经验，比较台湾地区与以色列两地养小孩方式的差异性。

我们家小孩差不多十个月大时，她突然跟我问起了学步车这件事。

“我亲戚送来了学步车，你有买吗？”小云问。

“学步车？你不说我都忘了有这种东西。”我搜寻了一下记忆后，回答她：“我记得这里的托婴中心是不使用学步车的。”

小孩在地上爬，不觉得麻烦吗？

“不是使用学步车小孩比较早学会走路吗？而且把小孩放到学步车里，父母不就不用一直顾着小孩？”她问道：“小孩每天在地上爬，难道你不嫌麻烦啊？”

小孩在地上爬不麻烦吗？当然麻烦啊！她真是一语道出我的痛处。

长女小雅从七个月大开始爬行，使用的是“匍匐前进法”：整个身体贴着地，只使用手脚的力气往前爬。虽然是这么难的爬法，她到了十个月大还是这么爬，一点也没有打算把屁股抬起来，改用膝盖跟手掌爬行的念头。

我从很多做妈妈的台湾朋友口中得知，在台湾很多长辈跟父母爱惜孩子，嫌地上脏，担心宝宝随手捡起东西吃，不肯把宝宝放在地上爬。而在以色列则是相反，大家鼓励宝宝到处爬。我常在公园跟商店里看到宝宝到处乱爬，等到自己的小孩开始爬了，我也入乡随俗地放任她到处爬。

宝宝在外头爬行，父母当然就得亦步亦趋地跟着，要盯着他不被其他小孩踩到或一个不稳跌倒摔到，也要在宝宝随手捡起奇怪的东西时跟他比速度，在他放进嘴巴前就拍掉。而且，宝宝在学会爬的一两个月，会特别爱爬楼梯。小雅爬上爬下，我跟雅爸也得跟着爬上爬下。我只能说，宝宝的爬行期，对于父母的体能跟腰部训练真是一大考验。

更惨的是，小雅使用匍匐前进的爬法，只要爬到地板比较脏的地方，衣服就跟着黑一片。我每次出门都要帮她多准备三四套衣服，洗衣的分量自然也暴增。

麻烦吗？当然很麻烦。特别是当小雅的托婴中心园长有次告诉我，小雅因为爬得太好太快，可能造成她缺乏站起来走路的动机，有很大的机率会慢一点才开始走路时，我都觉得自己脸上快要出现漫画中的三条黑线了。

但就算如此，我也没有想过要使用学步车这种辅助工具，来让我的孩子快点学会走略。

宝宝需要爬行才能长得更好

隔天，我跟小雅的园长找了个时间谈学步车的事情，她跟我提到以色列所有托婴中心以及大部分父母都不使用学步车的原因。

“宝宝爬行，对父母的生活是会造成很多压力跟不方便。”园长笑着说，“但是我们得先问一下：爬行对宝宝的成长重不重要？”

“爬行是一件很难的事情，大脑、小脑要同时配合，而且大脑得同时下命令给手、脚等身体部位，刺激相当多的神经细胞，所以每次的爬行都是对于大脑系统的强化，会让小孩变得更聪明。而且爬行是全身协调的运动，可以强化胸、腹、背部跟四肢的肌肉，特别是上半身的训练。爬行比较久的宝宝，通常平衡感也会比较好，开始走路后很少会摔跤。”园长细数爬行的好处。“所以爬行对于骨骼、神经系统、肌肉，大脑的发展有很大的好处，更不要说宝宝因为爬行的活动量大，而可以吃得好、睡得好，体重、身高都会发展得更好！”

“每个小孩都有自己的发展时间表，有些小孩快一点，有些小孩慢一点。”园长下了结论说：“但我自己觉得，走路反正是走一辈子，爬行可是就那几个月，可以让小孩多爬就多爬，为什么要用学步车来剥夺小孩学习成长的机会？”

听她这么一说，真是让我很有悟道的感觉。我本来也只是觉得不用学步车而让宝宝爬行，是一种比较自然的方式，没有想到原来爬行这件事情在幼儿发展上扮演了这么重要的角色！

“而且很多学步车并不安全喔！”园长最后提醒了我这一点。

后来我又查了一些资料，发现加拿大政府从2004年开始禁止贩卖与使用学步车，美国儿科医学会（American Academy of Pediatrics）则早从1987年就建议父母不要使用学步车。除了阻碍宝宝的自然发展之外，他们认为应该禁止使用的更重要的理由是安全疑虑。美国儿科学会指出，2001年中，美国至少有6000个宝宝因为学步车受伤；而BBC也在2000年的报道中指出学步车每年至少在英国造成4000个宝宝受伤。

因此，对于这里的幼教系统而言，使用学步车除了是揠苗助长的行为之外，还有安全的顾虑！这也难怪他们很坚决地跟学步车说不啊！

戒尿布，先看看孩子准备好没？

《壶中之壶》是以色列经典的童书之一，内容描述了一个小女生在收到小便壶后，高兴之余，自己开始尝试在便壶上大小便的故事。这本已经有三十几年历史的童书，到目前仍然是幼儿园以及书店推荐的“戒尿布训练”用书。书中的内容也充分呈现了以色列几十年来一致的教育观：先发展小孩的自主性以及自发性，再来学习。所以，你家的小孩要戒尿布了吗？问问他的意愿吧！

不管生了几个小孩，训练小孩戒尿布，都是父母教养小孩中的大事。这件事情如果进行得不顺利，对于父母跟小孩都是大灾难。

“你知道吗？家里的小人明明一副聪明伶俐样，不知为何碰到这件事，不是一脸似懂非懂的样子，就是满脸不在乎。明明同样的事情已经讲过好多遍，他还是持续尿在裤子里，这真的让人很受挫折。我搞到最后耐心也没有了，只要一看到他尿裤子，就真的很想一巴掌打过去。”曾经有个妈妈这样跟我抱怨过。

父母常会因此对小孩大发脾气，甚至因为太受挫折而打小孩。我不知看过多少博客、听到多少父母朋友，抱怨小孩不知何时该去上厕所这件事；也有一些朋友在洗了很多次的地板、地毯、衣物、被单与床单后，犹豫着是不是该让小孩把尿布穿回去。

而我比较幸运的是，我的小孩都从四个月大左右就送托婴中心，进入以色列的幼教系统。戒尿布训练是幼儿园大力协助父母的事项之一，幼儿园会评估小孩的发展、家中的情况等，跟父母详谈何时是适合戒尿布的时机。

戒尿布的准备

因为次女的出生，因为搬家，因为之前幼儿园的园长是新手等各种因素，长女小雅两岁十个月大时，我们才正式开始进行她的戒尿布训练。我们跟小雅的新园长做了第一次会谈，拿到一张戒尿布训练的准备单。除了说明训练的方式之外，上面还写满了如何观察小孩心理与生理的种种迹象，以确定他们是不是已经准备好要脱尿布了。

第一件事情，就是小孩要有想脱掉尿布的意愿。认为不再需要尿布是件好事、大事。“小孩的意愿很重要。如果小孩对于尿布这件事情完全不感兴趣，不在意自己有没有尿布，也不在意穿在身上的尿布是不是干净的，那后续的训练就可能会拖得很久，小孩的抗拒也会很大。最后就会变成失败的训练。”园长说。

启发兴趣的方式，就是让孩子在家里跟幼儿园同步阅读与戒尿布相关的童书。开始灌输小孩“我是个大孩子，我可以如厕，不需要包尿布”的想法，并开始在每次换尿布前都询问小孩尿布的状况，鼓励小孩感觉屁屁的状况，告知大人是否需要换尿布。

等到小雅被引发兴趣开始主动谈起厕所这个话题，并且会在便便后主动告知老师帮她换尿布，幼儿园园长便开始每天带小雅以及另外两个年纪比较大的女生定时上厕所——没有真的尿尿、便便并没有关系，就只是要让小孩习惯坐在马桶上。

这样做了一周后，我跟雅爸与园长进行最后一次会谈，我们决定选那周的周末，拿掉她的尿布。

戒尿布的“倒退行为”

“你们要有心理准备，拿掉尿布的前几天一定是尿尿便便到处都是。如果尿裤子了，要忍住脾气，耐心地一而再、再而三地告诉她记得要去厕所。如果这样持续两个星期，还是一片混乱，我再来告诉你们下一步该怎么做。”她慢条斯理地说。“就我的评估，小雅的状况很好，应该会进行得很顺利。”

“另外，很多小孩拿掉尿布时，会出现‘倒退行为’。这是因为生命出现一个比较大的变动，会比较没有安全感。每个小孩的表现形式不大一样，有些会变得爱哭、有些会很需要奶嘴，有些会很粘妈妈……不管是以什么形式出现，做父母的都要有很多耐心——给小孩很多的拥抱、亲吻、小孩要奶嘴就给，没有关系的。”图长做最后的提醒。

戒尿布的前一天，我带着小雅去买了一打小女生穿的小裤裤。一边跟她挑内裤，一边告诉她：“从明天起，你就不穿尿布，换穿内裤了喔。”

“真的？我可以不用穿尿布了？”小雅非常期待。“但是，为什么我可以不用穿尿布了？”

“因为你是个女孩，不再是个宝宝了啊，你长大了，所以可以去上厕所，不需要尿布了。”我这样答。

“喔？我是个大女孩，我可以去上厕所了。”她又高兴地说。

周末的第二天，一早小雅醒来，穿上小裤裤正式拿掉尿布。那一天，她尿湿三次裤子，看得出来她很惊慌，也很不喜欢裤子湿掉的感觉。我想起园长告诉过我的事，我知道这是好征兆。

那一天，还有一次是她跟我说她想要便便。我们两个快速地冲到洗手间，她已经便了一点在裤子上，但还是把“剩下的存货”成功地空投到了目的地。小雅看着马桶里飘浮的存货，十分的高兴。我们两个在洗手间里一起欢呼！

那条内裤，也成为我到目前为止唯一洗过的便便内裤。

从此之后，每次我们召唤她去洗手间，她都十分合作。接下来几天，她会在对话中开始不断地重复有关于脱掉尿布的话题。

“我没有尿布了，”她问，“为什么？”

“因为我已经长大了，我不需要尿布了。”我还没有回答前，她就自己说了。

“只有妹妹才需要尿布，我已经不是婴儿了。”还会举一反三。

园长告诉我，当小孩不断地重复某一段对话时，他其实不是在问话，而是在提醒自己、告诉自己。

隔天在学校，小雅只了一次尿裤子。第三天起，她开始自己跑洗手间——无论是在吃饭，还是正在玩耍，会突然告诉老师她要上厕所。

“今天吃饭时她突然说要去洗手间，但很快就自己回来，告诉我们她只是放了一个屁。”园长自己说到笑翻了。

从此，小雅很少尿湿裤子，除非是场合特别，连父母都忘了提醒她去上厕所，或是她累到感觉不到自己身体的需要。

一个星期后，她睡午觉也不包尿布；再过一个星期，连晚上睡觉也不包了。三个星期的时间，戒尿布训练宣告结束。这段期间除了出现一些倒退行为（她变得爱哭，常常需要奶嘴安抚情绪）之外，顺利得让原本已经担心到翻过去的我，又高兴地翻了回来。婆婆帮忙买的训练裤，也完全派不上用场。

不用急，等大人跟小孩都准备好

小雅戒尿布的过程，出乎我意料的顺利又十分的短暂，短暂到我坐在电脑前回想这段经历时，花了很多时间才想起当时做了些什么。

“戒尿布本来就该这样，你的小孩如此顺利平稳地度过，真是太棒了。”后来跟园长谈起小雅的戒尿布过程时，园长很高兴地说。

“可是小孩拖到年纪这么大才开始戒尿布，不会太慢了吗？”我开始询问园长心中积压了很久的问题。

从小雅满1岁之后，我就一直被家乡的长辈与朋友询问这件事，大家都对于我的“慢动作”非常不以为然，还好我人在以色列，每次跟邻居与朋友谈起这件事，大家都会劝我不要急，也急不得。

“嗯，小雅已经快3岁了，就她的例子而言是有点慢。但问题不在她身上，而是大人没有准备好。”园长说：“戒尿布这件事要大人跟小孩都准备好再来做。慢比快好。”

“可是我大部分的朋友，都是从小孩1岁左右就开始戒尿布。为什么这里却是要求两岁以后再开始训练？”我记得园长给我的单子里，谈到戒尿布的年纪是从18个月到3岁之间，建议是两岁以后。

“你知道‘棍子与红萝卜’理论？”园长询问我。

我点点头。这个理论强调不需要理解跟发自内心的动力也可以学习，而学习的方法就是“做对给奖励，做错给棍子”。

“18个月之前的宝宝，生理状况不够成熟，理解力也不高。但并不是说因此就不能训练宝宝戒尿布。”园长接着说：“但因为这个时期，他们对于戒尿布这件事的理解力很低，所以需要用其他的诱因跟处罚，才有可能达成。而且因为生理状况不成熟，肌肉控制能力不是很好，所以需要比较久的训练时间。”

“以色列的幼教界全力避免使用棍子与红萝卜理论。我们希望小孩在到达他自己的每个里程碑时，都是因为他想要，而且是因为他有能力做。这样一来在他做成一件事情时，才会有来自于内心的满足跟自信，而不是为了做给别人看，或是怕被惩罚而做。”园长继续解释。

“所以，学习要等小孩准备好了再说。慢一点有什么关系？像是戒尿布，如果可以过程平顺，不伤害亲子关系，又让小孩自己骄傲，不是很好吗？再说有哪个身心正常的小孩，到了18岁白天还需要包尿布上学吗？”园长又开始开玩笑了。

我记得跟园长谈完之后，她那句“学习要等小孩准备好了再说，慢一点有什么关系”一直在我心中萦绕，最后成为我谈起教育一事常用的口头禅。

小孩学习这件事情，真的是要水到渠成啊！

面对放任自由的教育方式

以色列的世俗教育十分放任自由。而放任自由是有条件跟代价的。放任自由的教育让每个个体可以表达自我，容许小孩犯错，也不要求小孩要体贴、有礼貌、守规矩。在这样的状况下，需要成熟、懂得面对问题和处理问题的人人来协助小孩。以下这个故事发生在小雅1岁多的时候，她还不大会讲话，我也还不会面对以色列社会中的教养文化冲突，所以我当时的反应竟然是——逃跑……

那是个星期六，公园里照例挤满了小孩。

我其实很不喜欢在这种时候带着小雅来公园玩耍。以色列的小孩向来野蛮，特别是4岁左右的小孩。加上这里的教育氛围开放自由，就算是在公园，父母常常不管小孩——我虽然喜欢以色列教育自由放任的思维，却不大喜欢父母放任小孩这件事。再加上，小雅常常是公园里最小的小孩，以前她小，她走到哪里我们就跟到哪里。现在她不喜欢我们跟着，要自己玩耍，如果发生什么事，要跑去拉她都来不及，所以每次她在公园，我都很胆战心惊。

不过，不能因此把小雅禁足，她还是有出门玩耍的权利。

抱走她，等于惩罚她？

在公园里坐了5分钟，就看到有小孩拿着沙铲，铲满沙子往其他小孩身上倒。那个被倒了一身沙子的小孩，尖声大叫。他妈妈走到那个倒沙的小孩旁边跟他说："不要把沙子倒在别人身上，这样不好。"

自始至终，倒别人沙子的小孩父母却都没有任何反应及举动，像是不关他们的事一般，我看着就有些火大。

小雅爬上大溜滑梯后，雅爸说他想先回家，我说我们可能等一下也就回去了。一方面因为这阵子的小雅脾气不甚好，只要有人跟她抢玩具她就会尖叫，我向来不接受小孩在外面叫得跟疯子一样，另一方面是其他小孩的行为并不好，就算小雅不惹人家，别人也会来惹她。

话才说完，我就看到有个4岁的小男孩从小雅背后撞了一下——是的，我知道那个小男孩当然不是故意的，因为小雅堵在溜滑梯的出口，他只是想越过她去溜滑梯。而小雅的反应也很粗鲁，被撞了之后，马上回头打了他一下。

这一来就不得了了，那个4岁小孩很火大，开始不停打她。第一次看到自家的小孩被打，而且是被大她很多的小孩打，我觉得有种无法控制的怒气直冲脑部，让我火大到不知如何是好。那个小孩打到第3下，我忍不住出声阻止，冲到小雅身旁，抱起她就往回家的路上走去。

我是觉得，别人家的小孩不必要由我来教，如果他父母放纵他打人，倒不如离开就好。

然而小雅却是一路哭，一直用手指着公园的方向，看来是想回公园去玩耍。之前没搞清楚缘由的雅爸，问了我详细状况后说："既然不是她的错，你为什么抱她离开？这样不是惩罚她了吗？"

我听到后愣了一下，对喔，我怎么没想到。之前的怒气平息了一点，松手放开小雅。获得自由的她，直接又冲回公园。

我跟雅爸说，可是我对于其他父母不看着小孩这件事很生气咧，我控制不了怒气，也看不下去大孩子打我小孩。

雅爸说："那你要不要先回家，我看着她。"

我点点头，回家了。

妈妈要学习控制自己的情绪

后来雅爸带着快乐的小雅回家后，我跟他讨论这件事。

雅爸说：“后来那个小孩的妈妈就要他来跟小雅道歉，而他也来道歉了。他还说因为小雅长得很高，看起来很大，他都忘了她还是个小宝宝。”

“我了解，我也不是生那个小孩的气，可是看着自己的小孩被打，觉得很难控制自己的情绪。”我跟雅爸这么说。

“嗯，但你反应不要这么大啊，这种事以后会常常发生，除非你都不让小雅跟比她大的小孩玩。要酷一点、冷静一点，举止行为像大人一点。”雅爸很诚恳地建议说。“你这样突然抱着小雅离开她正在玩的玩具，她会以为是她的错呢。”

“我了解，但他的父母在旁边，为什么要由我来阻止他？我的行为应该是典型中国父母会做的事。碰到行为举止不好的小孩，自然就是抱开自己的小孩啊，我为什么要去跟其他父母起冲突？”我试着跟他解释。我来这里4年多了，其实我很清楚自己当时的行为很不入乡随俗，可是某些时候，自己文化中的东西就会跑出来。

“嗯，他父母是有些失职，但这也不是世界末日。等你生到第3个小孩，希伯来文呱呱叫时，你再告诉我，你是不是到了公园会每一分一秒都盯着我们的小孩。”他半开玩笑地说。“我也不是要说你的行为不对，只是建议你这样做。也请记得小孩子就是小孩子，他们需要的是大人的帮助与教育，而不是大人的负面情绪。还有，纠正其他小孩的不当行为，在这个环境是允许的。”雅爸很体谅地说。

我们的讨论到此为止。

我后来重新想了这件事，想想自己也是太冲动，情绪太多。其实那时该做的事情是阻止那个小孩就好，用不着生气，生气对事情也没有帮助。而且那个小孩的父母我又不是不认识，他们可能是一时没注意到而已——正如雅爸所说的，以色列嘛，那个父母不曾讲话讲到忘记自己的小孩？

再说，最大的问题其实是我自己，是我无法处理情绪，不想面对冲突，唯一做的事情是逃避。这样莫名其妙把小雅抱开，最后受害最多的，反而是她。

这类的文化冲突，在未来的日子里可能还是会常常发生，我最好准备好，也最好时时提醒自己，要面对冲突，用积极正面的方式处理。

咬人的狼

“学会尊重生命”，听起来实在像是一句口号。听到的人没有人会不赞同，也没有人会觉得自己不尊重生命。来到以色列之后，因为一头咬人的狼，我开始重新思考尊重生命的意义……

那一年4月中下旬的“逾越节”假期，我工作的幼儿园园长一家人去沙漠北部度假，搭帐篷露营。那里是沙漠区，也就是荒郊野外，平常就是野生动物出没的地方。不过他们去的是国家公园规划好的露营区，常常有学校、家庭去露营，算是人类常常出现的地点，听说野生动物也很聪明，几乎很少入侵该区。

晚上园长一家人坐在帐篷外，升营火烤肉，而坐在园长旁边的两岁半小女儿，竟然被野狼袭击！一头成年的大野狼，差不多是中型狗的体型，从小女儿的身体后方往她的颈部咬，还好她头小，所以野狼的大牙咬住了脸颊而不是颈部。不然咬进颈动脉，很有可能会当场就流血过多死掉！

园长跟她老公连忙跳起来打野狼，临时没有武器在手，两个人就是用双手及双脚又踢又打。两个大人不敢用扯的，担心会造成女儿更多的伤害，只能不停地打狼的头跟肚子。被打的狼一开始还不肯死心，痛到松口之后又去咬她的手跟脚……很坚持地要把到嘴的“肉片”拖走。一团混乱中——其实不过几秒钟——狼被打跑了，小女儿则是全身血迹斑斑的被送去医院。

把狼捉起来，有什么不对？

那时怀了老二严重孕吐、还在家里卧床的我听到这个消息，连忙发了短信去慰问园长。那个晚上，我为了这则消息失眠。我家小雅也是园长小女儿这个年纪，我忍不住想着事发的那个画面：小女儿的尖叫、父母的慌张、被狼牙咬伤的脸颊、满身的血迹……这件事对被咬的小女孩自然是梦魇，我想对父母、特别是妈妈，只怕是更大的梦魇。

我是生长在都市的妈妈，自然希望我的小孩健康没有危险地长大。我满脑子的疑问是：怎么那么危险？怎么会碰到狼？那个地方不是连学校都常带着学生去露营？

隔天听到新闻提到该区的自然保育员开始追踪、逮捕那头伤了人的狼，我心里想着的也是：捉起来也好，那么危险！

我想，就算他们要处死那头野狼，也没有什么不对。人类都想保护自己及自己的小孩，有什么不对？

而后来事情的演变，却让我着实上了一堂“尊重生命”的课。

过了几天，我跟一个邻居聊到这件事。当我一直说“这真是件可怕的事情，对幼儿及母亲都是很大的创伤”时，邻居冷不防地泼了我冷水。

“是啦，雅妈，这很可怕，对母子也是很大的创伤，但是他们既然决定要走入荒野与野生动物共处，就要有心理准备可能会碰到这样的事情。”

“荒野是动物的家，不是我们的。再说，这种事并不常见，狼又是很群居的动物，怎么会自己跑去咬人？只能说你同事一家人碰到一件不大幸运的事情。”她又补了一句。

这席对话把我从“人类本位”中震了出来，原来我认定的“被可恶的野狼咬伤幼小儿童”的印象，对于这里的人而言，只是“人类与野生动物相处中的意外”。这件事情中，并没有可恶的坏野狼及可怜的小红帽的评断。

捉到的狼，“当然”要放回去

前两天，咬人的狼被捉到了。雅爸看了新闻后告诉我。

“狼在哪里？”我问道。

“在南部的野生动物园里。”雅爸回答。那个野生动物园中，动物都是到处跑，上次我们去了，被要求全程把车窗关紧，不然有时里面的野山羊会跑来用角撞车子。

“狼的状况如何？”上次被邻居上了一课，我比较小心地问道。心里想着，关在野生动物园里，也算是好的解决办法。

“嗯，狼生病了。基本上大家都觉得这次的攻击行为很奇怪，所以才把狼捉来看状况。另一方面也是想知道狼的身体状况，这样才知道是不是对被咬伤的小女生使用其他的抗生素。”雅爸回答道，“结果是狼生病了，所以就先放到野生动物园里疗养。”

“先放到？什么意思？不是就养在野生动物园里？”我有些吃惊地回答，“之后还要放回去吗？放回去不是很危险？”

“当然不是养在野生动物园里！当然要放回去！”雅爸对我的逻辑很不满地说：“荒野才是狼的家。再说，狼本来就是危险的，不然呢？

要把所有对人有危险性的动物通通杀光光吗？”

“我……我不是那个意思。”其实，我知道自己的逻辑显示出来的就是这个意思。

跟雅爸的这段对话之后，这件事本来该告一段落了，然而之后没多久，我跟园长通电话后，让我更加震惊。

用同情心，消除孩子的恐惧

我本来以为这样的意外事件是会在当事人身上留下永恒的梦魇。（以前念过的故事不都是这样写？）结 果我听到的却不是如此。

事情发生后，小女儿的幼儿园老师做了一系列的活动，跟小孩子谈野生动物，以及到野外可能碰到的事情。

“我在家里也是跟她说，有时我们到荒草多的地方，就算做了万全准备，偶尔也会被蚊子咬，只是运气不好，是无法避免的事情。”园长这样跟我说。

“这星期五，我孩子的幼儿园有人生日。通常寿星可以选一本童书，然后在生日会上，与其他小孩共同演出。”园长接着说：“这次寿星选的是《狼与狐狸》，一本谈动物友谊的书。后来园长问大家要扮演什么角色时，我女儿竟然举手说她要扮狼，把园长吓了一大跳，可见她已经渐渐不害怕，也开始对狼有同情心了。”

“恐惧及残酷，通常都是因为不了解及冷漠所造成的。”在我问到会不会担心小孩因此常常做噩梦时，园长这样回答我。“所以事情发生了，要更加积极地理解小孩的心情，并带领小孩了解事件发生的始末，这样小孩才能从创伤中走出来。”

后来我把这件事重新想了好多次。这个过程里，我没有看到任何大人试着跟小孩说：“狼会咬人，好可怕，好可恶，我们要打死它。”也没有看到任何大人试着跟小孩说：“你被狼咬了，你好可怜，你是被害者。”而不管是媒体或是第一线逮捕野狼的人、孩子被咬伤的父母，都很清楚地站在“狼也是有自己的习性、也是一条生命”的立场在面对它。我从这件事情里，开始深刻的反省所谓尊重生命的定义……

幼儿园中的咬人事件

做幼儿园老师这么久，每次碰到两三岁的小孩咬人还是觉得很头大。这个年纪正是学前情绪最不稳定，最爱使用暴力的阶段。做老师的，又有多大的能耐可以去应付小孩无预警的咬人事件？而做父母的，又怎么可以因为自己的小孩被咬而控告幼儿园园方啊？咬人的又不是老师……

我在幼儿园教书的第二年，以色列的幼教界发生了一件严重的“咬人事件”：有个专收两岁到三岁的幼儿园里，发生集体咬人事件，被咬得最严重的孩子的父母，一气之下告上了法院。

那个被咬的小孩，在16个人的班级里年纪排行第十，不大不小，个性温和，较爱哭，那天回家时，全身上下有二十几个被咬的伤痕。小孩因为疼痛而微微发烧，被家人紧急送医后打了抗生素，吃了退烧药。父母认为老师教导不周，放任其他小孩咬人。以伤害罪控告幼儿园园长及班级老师。

事情发生后的一个星期，我周遭所有的人：同事、邻居、幼儿园小孩的父母都在谈论这件事。大家都十分好奇，以色列的法官会如何审理及判决这件事。

“咬人”可算是“社交活动”

其实所有幼教老师都知道，对于两三岁的小孩而言，“咬人”可算是“社交活动”之一，是这个年纪小孩“沟通”的另类方式。

两三岁的小孩，语言能力还没有完全发展起来，也比较没有耐心。但是这个时期正在发展群体概念及社交能力，跟其他小孩的互动增加非常多。由于社交技巧、语言发展、沟通能力不好，受了挫折又不知道要如何处理，打人跟咬人的状况自然层出不穷。

以色列家里有两三岁小孩的父母也知道，幼儿园的师生比虽然是一比四，但因为强调教育不能打不能骂，碰到状况老师只能把小孩拉开，顶多再口头说几声“不能再打人”之类的话，小孩们听训完后再回去玩，还是会再起冲突。再说，小孩咬人常常事发突然，老师们即使勤于劝说，不见得每次都能够及时把小孩拉开。

我听着大家的讨论，心中不禁浮起了许多疑问。譬如说，虽然那个小孩被咬了二十几个伤痕，是很夸张的，但如果这个年纪的小孩咬人跟被咬是正常的事，受伤小孩的父母告上法院，算不算是反应过度？小孩受伤是被其他小孩咬，并不是被老师咬，就算是告上法院，也该是告那些咬人小孩的法定代理人——咬人小孩的父母吧？怎么会告幼儿园园长及老师呢？他们又不能把小孩一一隔离开来。

当时我对以色列的教育理解很少，不大敢乱问问题。基于对这个事件的进展非常好奇，也很希望有人能跟我谈谈当地父母及幼教老师的想法。

某天，我到照顾零到一岁婴儿的“托婴中心”帮忙，听到托婴中心的园长正在提咬人事件中的幼儿园园长对这事件的辩解。那位园长说，二十几个伤痕不是一下子造成的，而是一整天“累积”下来的；那位小孩因为父亲被征召回军队，一个月不在家，所以个性变得紧张易怒，不停地跟其他小孩发生冲突；老师们真的已经尽力阻止了。

我本来觉得那个园长蛮有道理的，没想到托婴中心的园长非常不高兴地接着说：“这个幼儿园的园长实在是专业度不足又推卸责任，把小孩送去那里的父母真是倒霉。”

如何使小孩听得懂？

“两三岁的小孩咬人很正常啊，你觉得幼儿园老师除了把他们拉开之外，还有什么可以做的吗？”终于让我逮到机会，可以好好谈谈这件事。

“当然有！”园长回答我：“就是因为两三岁的小孩会咬人，做老师的就更该在这个时候，花最大的力量教会小孩控制情绪、培养耐心及不可伤人，用两三岁的小孩听得懂的方式教。”

“用小孩听得懂的方式教”这句话震了我一下，让我突然想起之前跟托婴中心园长工作的一个情境：有次有个8个月大的婴儿拉了园长的头发，她很快把头发从婴儿的手上拉回来，并一边很大声地跟那个婴儿说：“不可以拉我头发，我好痛。”

托婴中心的园长是个专业又温柔的人，当时我被她的反应吓到，不知为何她要用如此严厉的口吻对待这么小的小孩。再说，哪个8个月大的小孩不拉人家的头发呀？我直觉地认定，那天一定是她心情不好吧！——是吧？最温柔有耐心的人，也是有极限会被惹火的吧？

但那天园长用很严厉的口吻跟小孩说完话后，马上又很温柔平静地交代我要做的事。这种反差让我觉得奇怪，为何园长的态度及情绪可以在那么短的时间内，有那么大的转变。这时听她提起“用小孩听得懂的方式教”这句话，那天的种种又闪过脑海。

当我跟园长提出抓头发，以及我觉得她是在骂小孩时，微笑从她的嘴角荡漾开来："你有注意到这件事，真是不错。"她接着解释：以色列的教育不主张打骂小孩，但是主张要教育小孩。如果有碰到小孩即将被伤害（面临危险）以及伤害别人的情况，提高声量及某种程度的肢体暴力（例如拉开小孩）是被允许的。这不只是教育，而且也是生物本能。8个月的小孩对于语言的理解力并不高，通常是根据大人的情绪反应，了解大人是否喜好或讨厌某种行为。如果大人阻止小孩某种行为，或是告诉小孩他们不高兴，该用的方式就是提高音量，让小孩从大人的声音中听到负面的情绪。

"拉头发会造成被拉的人疼痛，是暴力行为，自然是要阻止小孩继续这个行为。有些父母被自己的小孩拉头发或被咬，却因为担心大声阻止会吓到小孩而不教育小孩，或者是不拉开小孩的手，或是用半开玩笑、温柔平静的声音跟小孩说'不可以'，这些做法根本就是反教育。小孩不仅听不懂，还会以为继续使用暴力是可以被接受的。"园长这么说。

小孩咬人怎么教

"而随着小孩成长，个性不同，父母及老师使用的教导工具就该改变。例如，一般而言，到了小孩四五岁，老师还动不动就提高音量，对于纠正小孩的行为是没有什么帮助的。小孩反而会因为自己有能力惹恼老师而洋洋得意。”园长进一步解释。

“那对于两三岁会咬人的小孩，幼儿园老师可以做什么事？”我还是很困惑。

“很多！”

园长开始举例：首先，因为那是那个阶段小孩的特性，所以从学期一开始，园长及老师就该针对这个议题做设计，告诉小孩咬人是一件会伤害别人的事，被咬会很痛，让所有小孩自己说说为什么会咬人，以及被咬的感觉。

接着，要教导小孩想咬人的时候，或是被咬时要怎么处理。第三，因为这个年纪的小孩就是无法控制自己的情绪，老师要把握机会教育，每次有咬人和被咬的情况发生时，一定要把两个当事人叫来处理，不厌其烦地教导小孩除了咬人之外的沟通方式。

第四……第五……第六……园长轻轻松松地提出了一堆教法。

听完园长的一席话，我颇有醍醐灌顶的感觉，对于咬人事件的许多疑问，也有了初步的答案、初步的理解。

还是要把伤害降到最低

虽然两三岁的小孩咬人是正常的事，但幼儿园仍然要尽最大的力量，协助小孩们平稳地度过这个阶段，而且要把伤害降到最低。幼儿园偶尔发生咬人事件，父母及老师虽不用太大惊小怪，但并不可以把小孩咬人看成理所当然、不加以处理，也不去教育，放任小孩用咬人的方式表达情绪。

事件中的小孩被咬了二十几个伤痕，而且不是同一个小孩咬的，显示并不是某个小孩特别难搞、特别爱咬人的特殊情形，而是整个幼儿园的普遍状况。如果是针对某一个小孩的特殊状况，就可能是那个孩子需要多被注意，多被教导；但如果是整个幼儿园的普遍状况，那就是幼儿园园长及老师无法控制事态，是幼儿园失职。

另外，受害的小孩因为父亲不在家而情绪不稳，却没有听到幼儿园园长及老师如何安抚。而受害的小孩不停地与其他人发生冲突时，幼儿园园长及老师也只会拉开小孩，没有其他做法。如果园长跟老师这个也不会，那个也不会，那父母送小孩去幼儿园做什么呢？这分明是该幼儿园有严重专业不足的问题，也难怪父母认定是幼儿园的错了。

“可是为什么要告上法院而不是教育部？”我继续问。

“这件事不用告，教育部也会出面处理有关于该园专业不足的问题。然而小孩受伤到要吃消炎药、退烧药，这已经是司法的问题了。”园长回答，“现在法院已经受理这个案子，我们等着看他们如何处理吧！”

令全国哗然的判决

几个月后，法院判决出来，全国哗然。

法官认为，幼儿园园长及老师在幼儿园中代理父母的权责照顾小孩，明明知道两三岁小孩的情绪及暴力难以控制，明明知道他们可以伤害别人的状况下，却放任小孩集体伤害，因而裁定幼儿园园长及老师“蓄意伤害”，需要道歉、赔偿医药费及心理创伤治疗费，以及坐牢。

原本许多人以为法院只会裁定道歉赔偿。没想到法院更进一步，把因为教师教育专业不足而造成的伤害视为蓄意伤害，这让许多舆论认为法院的判决太过了。

这个案件最后的上诉结果是以幼儿园道歉赔偿结案。然而从咬人事件里，让我了解到大人对小孩行为该负起的责任，也更进一步理解到不打不骂的教育并不仅是歌颂赞美的教育，也不是盲目适用人性本善、随性长大的教育。大人要用科学的态度，认真诚恳地面对小孩的发展状况，并且提出可行的教导方式才是专业，也才能真的达到人本教育！

没有权威的大人

以色列教育的自由放任，让小孩可以在没有权威束缚的环境下茁壮成长。但对于大人而言，碰到了没礼貌又不体贴其他人的青少年，真是让人头大得不得了。对于“半大人”的青少年讲道理有时讲不通，又不能用骂或用打的，这时到底应该怎么办呢？

社区活动中心位于小山丘上。活动中心外围，有一片不大不小的草地，缓缓地延伸到住宅区。这一区步道连接着草地，车子进不来，因此，家有小小孩的居民，向来把它当作社交场所。除了冬天真正寒冷的一两个月，几乎每天晚上吃完饭，大人就会带着两三岁的小孩出来散步，孩子们在草皮上靠社区活动中心的这一头玩耍，父母们则靠在活动中心外围的低围墙上，或站或坐，三两成群地聊天。

偶尔也会有些小一、小二的男孩跑来踢球，他们会自己远离小小孩，在离社区活动中心最远的另一头草皮上玩耍。每个晚上，小孩玩耍的嬉闹声、大人叽叽喳喳的聊天声音，伴着满天刚探出头的星斗，让人觉得十分愉悦而平和。

直到那群踢球的青少年出现在这片草地上。

那群青少年都是男生，约十四五岁，有七八个。夏天的傍晚，他们来到活动中心的草皮上，在原本两三岁小小孩玩耍的区域里踢起了足球。他们围成一圈踢球，圈圈不大，他们没有很用力踢球，也尽量把球控制在圈圈里。但球是圆的，再怎么小心，还是偶尔会踢出去，难免踢到了靠近他们的小小孩，或踢飞出圈圈，直直打到行经的路人；有时青少年们愈玩愈开心，球愈踢愈用力，连偶尔参与他们的小一、小二男生，都开始被球打到而哭泣。

这片平和的草地，开始变得不平和。傍晚，出现家长叮嘱小小孩不要太靠近青少年的叫喊声、被球打到的小孩哭声，以及大人跟那群青少年争执的叫骂声。

谁说不可以在这里踢球？

那时我大着肚子，行动缓慢，有次经过那片草地旁的步道，看到那群青少年正在踢球的样子，不禁跟雅爸抱怨，他们让我觉得胆战心惊。虽然我以前是个运动好手，手脚敏捷，然而现在是非常时期，很怕他们一个不小心，球往我身上招呼了过来，若是正好打到我的肚子，那还得了？

说时迟那时快，话刚说完，球就从我眼前飞了过去，离我的大肚皮大概不到10公分的距离。我吓得脸色发白，雅爸却气得满脸通红，立刻往刚刚踢球的少年走过去。

“喂！你们在这里踢球很危险呢！”雅爸火大地说。

“喂！你讲话不能好好讲喔，声音那么大做什么？”带头的那个少年不满地回答。

“你们在这里踢球很危险，如果有孕妇、小孩或老年人走过，被你们踢到怎么办？”雅爸降低了一点音量。

“谁叫你们自己不注意？有人在踢球，你们就要多注意啊。担心危险，就不要经过这里？再说我们很小心的，在这里踢球踢了一阵子了，很少踢到人的！”青少年回答。

“很少踢到人，代表还是可能踢到人，那就是危险！你们要踢足球，可以去足球场踢，那里场地大踢起来又愉快，也不会踢到不相关的人，为什么要在这片不大不小的草地上踢球？你们在这里，妨碍了其他人的活动，又很危险。不然你们到另一个角落去，那里经过的人比较少。”雅爸继续设法沟通。

带头的少年回嘴：“足球场太远了，我们不想去，而且足球场又不是每天开。”他说太远，明明走路5分钟就到了，而且足球场明明每天都开呀！“草地的另一个角落不平坦，球常常会跑掉，很麻烦。而且我就跟你说了，我们很小心的，又没有故意要去踢人！再说，谁说不可以在这里踢球的？社区有规定吗？警察有规定吗？”

沟通无效！雅爸愤愤地走了回来。那群青少年则继续踢球，好像什么事都没发生一样。

青少年，毕竟还没有成为“大人”

我瞪大着眼看着我的老公，完全不能接受这样的结果，怎么会有如此自以为是的青少年呢？这样不听劝，接下来呢？就放任他们去？“能够找他们的父母或社区委员会沟通吗？或是找警察？这明明是涉及公共危险的事情啊！”我思考着，如果这件事是发生在家乡，我会如何处理。

“以色列的青少年这个问题很严重。他们以为自己是大人了，可以跟大人平起平坐，但脑子却还不大成熟。”雅爸很生气地说“我会去找他们的父母及社区委员会做沟通。”

以色列是个以犹太人为主体的社会，依据犹太习俗，男孩13岁、女孩12岁便举行成人礼。成人礼是个十分严肃而慎重的仪式，孩子们通常要花半年到一年准备。仪式过后，代表个体已经脱离孩童变成成人，要能理性思考，为自己的行为负责，必须履行社会的责任及义务。13岁后的男孩在成人礼后，也开始履行各种成人义务，特别是开始做“爸爸做的事”，譬如自己修理脚踏车、帮助母亲做家事、做木工、剪修花圃草皮等。父母也像大人一般地尊重他们。

然而，13岁的小孩不会因为仪式举行过后，就立刻变成大人。近年来脑部研究也发现，主管认知、重要决策与部分情绪，协助人类专注、控制冲动、拟定计划、做成决策的大脑前额叶，要到20岁左右才会成熟。在这样的前提下，我一直觉得以色列的大人给予青少年太多的尊重、容忍及讨论空间，除了惯坏孩子，还容易养出不负责任的青少年。

大人，就是不愿意使出威权

隔天起，雅爸开始试着跟那些青少年的父母沟通，然而每次沟通的结果，都让他的脸色变得更青。

带头的少年有个破碎的家庭，父母对于雅爸的要求，都以“有那么严重吗？”以及“等你的小孩15岁了，你再来告诉我，你能不能要求你的小孩不能在草皮上踢球”做回复。其他青少年的父母，虽然同意雅爸的话，认为在草皮上踢球是“有些危险”，但是也表明：“他的朋友都在那里踢球，我如何告诉他不要去踢？”结论就是告诉雅爸：“我会请我的小孩踢球时小心一点……啊，其实他是很小心的小孩啊，他的朋友也是，他们很少去踢到别人啊……”

既然沟通无效，雅爸转向社区委员会投诉。社区委员会针对这个问题开了几次会，一开始，对于请警察处理，或是在草皮上立个禁止踢球的牌子，大人们都很快有共识，认为两者皆不可行。小孩没有犯罪，没什么道理叫警察，而立个禁止踢球的牌子，反而会限制了小小孩在那里玩球。

“如果我们只是为了怕麻烦，就什么都立牌禁止，那大家就各自留在家里好了，所有社区的活动都可以停掉了。”社区委员会的秘书长这么说。

那么该如何处理青少年踢球的事呢？几十个大人又谈了几次，谈来谈去，最后都绕着“真的很危险吗？”这个话题反复辩论。“如果你觉得危险，可以不要经过那里啊！不要带小孩去草地上玩啊。”也有大人说出这样的话。

一个星期过了，一个月过了，两个月过了……社区委员会的大人们每次都谈一些可能的沟通处理方式后，去跟青少年沟通，而每次沟通，都因为他们似是而非的逻辑而宣告失败。委员会的大人，就是不愿拿出“我告诉你就是不可以”的权威去处理这件事，所以，那群青少年仍然在那里踢球。

偶尔，还是会传出大人或小孩不小心被踢出去的球打到的事情，偶尔也听到大人跟那群青少年争执或沟通的对话声。我每次经过草皮，看到那群踢球的青少年，总禁不住摇头：以色列的大人，难道真的要等比较严重的意外发生了，才有可能阻止青少年在那里踢球吗？

孩子有他们的权利

社区委员会吵吵闹闹几个月后，某一次开会，一位在高中担任体育老师的女居民突然说：“大家不要吵了，再给我两个星期的时间，我保证那些青少年不会再在草地上踢球。”她卖了个关子，说是下一次的社区会员大会，她再来报告她的做法。

两个星期后，那群青少年果然不见了。偶尔会看到他们带着球兴冲冲地经过那片草地，但不再逗留。

“我跟学校争取到办校际足球赛的机会。”那位女老师解释，之前她没有常来委员大会，就是因为在忙着筹办比赛的事情，以及争取学校的支持及预算。“所以孩子们开始觉得要在正式的场地练习，在草地上随便踢踢是不够的。”她笑着说，“然后我也去跟管社区足球场的委员会沟通过了。孩子们是对的，有钥匙的管理员晚上常常不在社区，所以他们找不到人开足球场让他们进去，所以我请求社区足球场的委员会在足球赛期间，让孩子保管钥匙，让他们做‘足球场管理员义工’，协助管理员开关灯、开锁门、巡逻、整理足球场。另一方面，我也要求孩子及孩子的父母们签了同意书，要依社区的规定使用足球场，孩子们要认真管理，如果发生孩子忘了关灯之类的事，孩子的父母要多出电费。”

体育老师的做法可以说是险招，利用进一步给孩子权利与参与机会的方式，让他们有学习负责任的机会，打破目前的僵局。

“那球季结束之后呢？他们不会再回到草地上玩耍吗？”一个居民问。

“也许球季结束后，他们与其他学校的小孩建立起友谊，会邀请他们一起去足球场踢球？也许他们做了义工后，开始对足球场有了感情，会愿意留在那里踢球？也许过了球季，他们就要开始忙其他的事情，也不想再踢球了……可能性有很多种，我们可以等等看。”那位女老师回答，“反正你们的目的，只是不要他们继续在草地上踢球，不是吗？”

听到这个结果，我还是有些疑惑。“可是那些踢球的青少年，不是因为知道在草地上踢球是件危险的事而停止的啊。”我跟雅爸会后讨论起这件事。

“哈，雅妈，你也太像个老师了。”雅爸说，“这次学不会、没学到，下次还有机会学，人生很长的呢！”他倒是对这个结果很满意。

傍晚活动中心外的草地上，又恢复之前的平静。到处充满着小孩玩耍的嬉闹声、大人叽叽喳喳的聊天声音，伴着满天刚探出头的星斗，让人觉得十分愉悦而平和。

而现在，偶尔看到带着足球的青少年，漾着微笑跟大家打招呼而匆匆离开，或是会稍微停下来，摆出大哥哥的模样，教着小小孩踢足球……我突然觉得，以前自己是不是过度操心了。

打小孩的约瑟夫

虽然犹太人的经典《圣经》之中教导父母要鞭打小孩，但以色列已经在2000年成为全球第10个立法禁止父母体罚小孩的国家。来以色列这么多年，没有听过哪个学校有传出打小孩的事件。至于父母，倒是曾听闻某某家的父亲或母亲好像会打小孩之类的传闻，但这种事情，没有任何大人会承认。一直到发生了约瑟夫打小孩的事件，我才了解到这个社会是怎么看待“大人打小孩”这件事……

约瑟夫是雅爸的前上司，有着犹太人的高鼻子，额头前秃，总是笑容满面。他年约60岁，住在我们社区里。约瑟夫是个智商相当高的人，大学时念的是数学系。中年后电脑产业兴起，他决定转行玩电脑。35岁那年再度报考大学，以优异的智力测验结果以及当年在大学的成绩，顺利考上了以色列数一数二大学的资讯系。

刚认识雅爸时，每次谈起他的前上司，他口气中总有着些许的尊敬及赞佩。约瑟夫的逻辑十分清楚、思考周密，对于千头万绪的电脑程序总是可以用最简洁的程序语言表示。

棍子等在小孩的屁股后？

约瑟夫有两个儿子，老大在这个充满聪明人的犹太国度，从国中开始就一直得到国家级的科学奖，还曾被总统召见领奖。一路顺顺利利地完成学业，进了美国太空总署工作。老二则从小叛逆，在学校没念什么书，等到长大后有天觉得该学些东西了，就开始自学，目前在以色列一家高科技公司做电脑工程师。“我想他家的聪明是遗传的，自学这种能力不大能够教得出来。”雅爸这样告诉我。

但有次跟约瑟夫聊天，他却告诉我，除了聪明还需要努力用功。“在我们家，棍子是等在小孩的屁股后面的。”他这样说。我当时听了只是笑笑，犹太人爱开玩笑，想来他只是比喻而已，而且以色列不仅是早已禁止老师体罚学生，2000年时也正式立法禁止父母体罚小孩。

约瑟夫与他老婆长年抽烟，却因为儿子的一句“你们再抽下去，我没办法带孙子回来看你们”而戒烟。我到以色列的第二年，约瑟夫老婆的妹妹因为癌症过世，约瑟夫与他老婆义不容辞地领养了已成为孤儿的外甥。这两件事情当时被社区传为美谈，认为这对夫妻能够尊重小孩的意见而戒烟非常不容易，而且在年过半百、孩子都大了之后，愿意领养刚上小学的亲戚，实在是十分有爱心。

我一直很喜欢这个略带传奇色彩的约瑟夫，而且他的家庭看起来父慈子孝的，是个典型的成功家庭。就算雅爸偶尔会跟我提起他的低EQ，在工作场合不时与人起冲突、坏脾气、喜欢乱摔东西、难以相处，我却觉得只要是人都会有弱点，这种朋友还是值得交往，说不定以后还能教小雅数学呢！

后来约瑟夫离开雅爸的公司，帮一家开采矿业的公司设计电脑程序，也帮政府的农业发展中心设计自动化灌溉程序。一直到今年他决定离开电脑界，想要到地方政府的教育文化部门做事。

我住的这个城镇人口稀少，地方政府的分工并不精细。教育文化部门管得很繁杂，大到各级学校的预算、各项文化及节日活动安排，小至社区活动中心的垃圾桶清洁都管。换句话说，做这个部门的事情，要与很多人沟通才能推动工作，特别是各级学校的行政人员、老师及家长。因而，虽然是约聘工作，人事单位仍然会考虑一般民众对应征者的印象及评语。

约瑟夫的本业不是教育，但他之前在学校做过几年的数学老师，也是学校的家长委员。街坊邻居谈起他要转行的这件事，都觉得只要他有心，也没有什么不好，而且非教育背景出身，说一定更能替这个部门注入新观念及新思考。

而这种赞成、鼓励的话语，却在某一个夜晚后，成为绝响！

公共场合打小孩

那是一个寻常的夏夜。大人、小孩照例在吃完晚饭后，在社区活动中心外的草地上社交与活动。那个晚上，约瑟夫与他领养的外甥也出现在这里。一开始，已经14岁大但仍然细腰细腿的男孩，跟约瑟夫不知为了什么开始起争执，约瑟夫把男孩拉离人群到一旁讲话。接着，有人看到约瑟夫动手掴了男孩一个耳光，男孩转身逃跑，约瑟夫追了上去抱住男孩，从背后揍了他几拳，最后还踢了他。

我跟雅爸都不在当场，所以都是听别人转述事情的经过。“当时只有一两个人看到，他们上前阻止时，男孩已经被打、被踢了。结果约瑟夫打完小孩后，还脸不红、气不喘地回到草地上加入其他人的谈话，好像什么事都没有发生一样。”邻居一个妈妈愈讲愈不满地告诉我：“我如果当时知道他是刚打完小孩，我一定马上转身就离开，绝不会还留在那里跟他谈笑风生，现在想起来就觉得恶心！”

“真的是太丢脸了，竟然在公共场合打小孩！”事情发生后，婆婆也这样跟我说：“他连在大家面前都控制不了自己的情绪，我看他可能常常在家里打小孩。”

那个星期，我走到哪里都听到大家在谈论这件事，而大家对于约瑟夫的行为，都非常的气愤与不满。以我对以色列社会的理解，他们对于“父母的行为要像个父母”要求很多，所以很少看到父母在公共场合大声骂小孩的。小孩再吵再闹，父母顶多是用较严厉的口吻，冷静地阻止或把小孩带开。跟着小孩一起生气、闹情绪的父母，通常会被视为是无能及幼稚。在这种逻辑下，我可以想象到大家对于情绪不只失控，而且还动手打人的约瑟夫，评价会变得多负面。看来，之前约瑟夫告诉我“棍子等在小孩屁股后面”这句话是真的，不是开玩笑。

事件发生的两天后，社区委员会在公布栏贴出公告，强烈谴责当天的打小孩事件。公告里并没有指名道姓，但要求家长扮演好家长的角色，绝对禁止任何形式的暴力，公告里也提到社区委员会已经通告警察及儿童福利单位，由他们接手评估状况。

再过两个星期，约瑟夫在社区公布栏贴出了他决定放弃应征新职位的书信。信中含含糊糊带过他打小孩这件事，而以他健康不佳为理由，不再争取地方政府的工作。

此后，我更常看到没有工作的约瑟夫跟他领养的外甥，带着狗狗在外头散步。约瑟夫仍然是笑脸满面地跟大家打招呼，但愿意停下脚步跟他说两句话的人变得很少，很多人是当作没看见地快步离开。我明显感受到大家对他的排斥及不满的情绪，却对于这个愈滚愈大的打小孩事件不是很能理解，也开始有些同情约瑟夫。

“有这么严重吗？”我好想大声地问大家。

当然，他打小孩是不对的，但家家有本难念的经，我们又如何知道他是在什么状况下打小孩的？说一定是小孩讲了很多很挑衅很难听的话？而且这几年来，我看到当年刚被领养时怯懦内缩的小男孩逐渐长成快乐沉稳的大男孩，这样还不够吗？再说，为什么要围剿一个做错事的人呢？让他没有工作，对领养的男孩会更好吗？

年纪大不代表不用成长

某天，下午我们一家人出门散步。远远地看到约瑟夫带着狗狗从我们的正前方走过来，雅爸二话不说，马上转到其他的巷子里。

“他是你以前的上司呢，你一定要做得这么难看吗？”我不大高兴地问雅爸，我很确定约瑟夫看到我们了。

“我一点也不想跟他打招呼，看到他就觉得生气跟恶心。”雅爸说。

“他不也就只是打了小孩，你干嘛为此不跟他打招呼？”我突然气呼呼地说出这句话来，讲完后自己愣了一下，不知为什么自己会讲出这种话来。

“喂，雅妈，我以为你是反对体罚的？”雅爸皱起眉头问。

“我是啊！”我回答。

“那你听到这件事情，为什么你不生气？”雅爸这样问我，“他伤害了社会共识，做了大家觉得粗暴的事情。而且小孩的状况也让人同情，大人自然很生气啊！”

“因为他可能只是一时失控，因为可能是小男孩说了很多难听的话……”我试着帮约瑟夫解释，“再说他年纪那么大了，他是上一个年代的人，你们会不会要求太多了？”

“雅妈！你帮打人的人找那么多理由做什么？会体罚小孩的人是因为他们相信体罚有效，而不只是一时失控。一时失控的人会在事后觉得对不起小孩、气愤自己的不成熟，并且认真道歉，找出更合适的教养方式。可是你看约瑟夫的信，他其实并不觉得自己有错，也就是因为那一封信，惹得大家更生气。”雅爸叹了口气，开始跟我讲道理。

“另外，就算那个小男孩说了难听的话，他还是个小孩。跟小孩一般见识，是大人无能及幼稚，不能用这个理由打小孩。至于你说他年纪大是没有错，但这不代表年纪大就不用成长，不用学习新思维。如果他跟不上新的思考方式，那在21世纪的现在，他就是个失职的父亲，也不适合做那些要跟人沟通观念及做法的事情。”

“那有必要造成这样的社会压力吗？如果他有违法的部分，已经有法律在处理了，儿童福利人员也去他们家像是在去厨房一样。为什么大家都要表现得像是他是个不受欢迎的人？这算不算是一种歧视？”我继续问。

“他做了这种事，自然会被视为不受欢迎的人啊！我们为什么要纵容加害者？就像是强暴犯，不管他有什么理由，他的行为仍然是不被接受的。”雅爸耐着性子继续解释，“我不知道你所谓的歧视是什么意思。约瑟夫在这里住了那么久，大家都对他及他的小孩有一定的认识，所以他做了这种事更让这里的人难以接受。再说，虽然他打了小孩，并没有人拿石头丢他，也没有人阻止想要跟他说话的人跟他说话，也没有人要他搬家。过一阵子大家气消了，可能也会愿意再跟他说话。不然你如何表现你反对某一件事情？愤怒不是最自然、最直接的情绪吗？大家气愤的表现只是要让他了解，就算他自己觉得打小孩没有错，其他人仍然是不赞成他的做法。”

不能体罚的以色列

听雅爸这样说，我开始有些懂了。这里的人碰到这样的事情很生气，因为不是常常会碰到；而我碰到打小孩的人不生气，是因为我在台湾有太多的朋友是打小孩的，而且不打小孩也不是台湾地区的共识。就算很清楚大人不该这么做，一开始可能也很气愤大人的暴力行为，但做这种事的人数目多到一定地步之后，自己的生气好像就变成了大惊小怪。

以色列在建国后就规定教师不能体罚学生，2000年更成为全球第10个禁止父母体罚孩子的国家。我一直以为这个“不打国”的建立是基于一群优越而思想超前的法官及教育家，直到这件事情发生后，我才理解到不打小孩是有共识基础的，而打小孩的大人，除了需要面对法律问题，也会面临来自亲朋好友的质疑及压力。

夏夜，我拎着牛奶走在独自回家的路上，又碰到了约瑟夫跟他的儿子带着狗狗外出散步。他仍然热情而笑容满面地跟我打招呼，我也礼貌而关心地回复了他。看着一老一少的背影远离，我突然觉得，如果这样的法律及人们的反应，可以制止约瑟夫的暴力行为，并且让他更努力地成为一个好父亲，好像也是个不错的方式！

第3篇

以色列科学的育儿方式

我过了很多年后才知道，以色列人的教养哲学是“不赢在起跑线上”的哲学，也是爱的哲学。他们不要孩子跟别人比，也不要孩子快快长大：不用快快地学会走路，不用快快地学会认字数数，甚至不用快快地学会做个有礼貌或体贴别人的人。以色列人的教养哲学告诉我，每个孩子有自己的时间表，不是到了几岁就一定要会什么；以色列的教养哲学是爱的哲学，他们相信惩罚与责备不是教养之道，更是全力谴责那些使用体罚跟暴力对待小孩的大人……

喂全母奶的技巧

我一直认为亲喂母奶，是人生最幸福与满足的时刻之一。然而喂母奶却是一条辛苦之路，我一路走来跌跌撞撞。还好，我在这里得到诸多的帮助跟支持，让我最后可以一圆喂母奶之梦……

我并不是个信奉母奶的妈妈，也知道宝宝就算不喝母奶也可以长得又高又壮又聪明。但从年纪很轻时第一次看到喂奶的照片集，我就十分着迷于照片中妈妈与宝宝互动的亲昵，也从那时开始就决定以后生了小孩，一定要喂母奶。

生完第一胎后，因为总是不相信自己能喂饱宝宝，我一直混喂（同时喂母奶跟配方奶），老大六个月大后断母奶。第一胎并没有成功地喂全母奶，被我引为憾事，所以生老二时，我有着强烈的意念想要做成这件事。

然而，老天爷是喜欢考验人类的决心及毅力的。第二胎我还是剖腹产，再加上药物过敏，我不仅错失一开始喂奶的黄金期，也因为宝宝太大，很早就开始肚子饿。我还不能下床之前，雅爸就让医院开了配方奶喂他。

很多人曾经跟我说宝宝喝了配方奶后要再转全母奶会很困难，但我仍然不死心。开始能下床走动后，我除了勤奋地亲喂母奶，也开始努力寻找可以帮助我的各种资源。

育婴室护士长的建言

首先，在离开医院之前，我跟医院“育婴室”的护士长表达了喂全母奶的愿望。她非常的高兴，也给了我很确实好用的建议：

1.要坚持先亲喂再瓶喂，这个顺序不能变。另外，能亲喂就亲喂，不用挤出来。

2.每次喂奶，要喂超过40分钟。新生儿吸吮能力较差，每一边如果没吃到15分钟，很容易吃不到后奶[①]，反而容易饿。所以如果妈妈不在意时间，可以一边吸20分钟后，另一边让小孩吸到哭或吸到睡着。至少回家的第一个星期可以这样做。

3.原则上每两个小时就可以再喂奶。例如说，宝宝7点吃奶，7点40分吃完奶，九点就可以再喂。

4.回家后可以每天拿掉一支奶瓶。如果妈妈没有信心单餐只喂母奶，那就两餐各给30毫升，而不是60毫升。

5.每天要喝至少3000毫升的水以上。

护士长摆明了说，混喂的一个大问题是乳头混淆，有些宝宝不在意，有些宝宝会开始发展偏好，而且通常会是偏爱奶瓶，因为比较不费力。如果我的宝宝过得了乳头混淆的那一关，就有可能转为

---

① 在每次喂奶当中，乳汁的成分也随之变化，一般将乳汁分为前奶和后奶。两者所含营养成分有所不同。喂奶时，先吸出来的奶叫“前奶”，前奶外观较稀薄，富含水分、蛋白质；前奶以后的乳汁，外观色白并比较浓稠，称为“后奶”。后奶富含脂肪、乳糖和其他营养元素，能提供许多热量，使婴儿有饱腹感。

全母奶。

另外，护士长也提醒我要照顾自己：“妈妈从一大早起床，到了傍晚通常很累，所以傍晚的奶量会下降，一直到深夜才又会恢复。如果太累了，就要请另一半接手喂配方奶。好好睡一觉再战！”

“无论如何，不要放弃喂母奶，有喂总比没喂好。”护士长最后叮咛。另外，如果有任何喂母奶的问题，可以找家里附近“一滴奶[①]”的护士协助。

在家休息冲奶量

原来，离开医院后还有人可以协助啊！这个讯息真是让我高兴！

回到家后，我马上打电话给附近卫生所“一滴奶”，跟他们求助。他们的护士也很有效率地马上来拜访。问了状况后，她建议我宝宝满月前，为了要冲奶量，尽量不要出门，三餐则由雅爸打点。

另外，她提醒我准备一个1000毫升的水瓶来提醒自己喝水。“最好的发奶方式是亲喂，喂得愈多奶就愈多。”在我询问要吃什么发奶食

---

① “一滴奶”是以色列的卫生所单位，负责婴幼儿保健、预防针等事项，并且提供早疗资讯。

物及饮品时，护士这么跟我说。她也告诉我，有任何问题随时可以打电话给她们，需要时护士也可以再来探访。

跟护士谈完后，我觉得信心满满。马上就照着医院护士长跟卫生所护士的建议开始作息跟喂奶。

这样喂了一个星期后，我涨奶的状况愈来愈明显，宝宝的乳头混淆状况却愈来愈严重。她开始懒得吃奶，也会在瓶喂后还继续讨奶，而且不肯再回头吃母奶。

这个状况在老大身上也发生过。但跟上次不一样的是，这次我真的觉得自己有奶，乳房也涨。上次在这个关键点上我让步，只要老大一吵我就瓶喂，到最后老大只肯喝奶瓶；这次我则一直提醒自己，一定要坚持先喂完母奶再说。

另外，我也提醒自己，有时觉得宝宝肚子饿或没吃饱，可能是我“想象”出来的，就算他是吃完母奶后还哼哼哈哈的，也不见得是没有吃饱。我应该多做一些“实验”来确定。

我的做法是：喂完母奶后先做别的事，例如打个电话、上个厕所、去阳台看花之类的。如果宝宝的注意力被我移转之后，就不记得要回头讨奶，那代表他已经不饿了；如果宝宝还是很不满足、很生气，我就再喂一次母奶才喂配方奶。利用这个方式，我获得了几次小胜利，也渐渐减少了白天的瓶喂次数。

这样再过了几天，白天不再有瓶喂，宝宝也开始睡整夜，就只剩睡觉前的那支60毫升的配方奶一直拿不掉。

我也知道我对那支配方奶很依赖，总觉得那60毫升的奶喝完后，他才好睡，我也才能休息。而且每过晚上9点后，他讨奶讨得非常严重，常常吸啊吸，吸个一两个小时吸到嘴唇都红了，还是生气抱怨。而我每天忙到这个时间，已经完全没有耐性及体力，听到宝宝的哭闹声，真的很不耐烦，不要说配方奶可以让他安静下来去睡觉，如果家里有酒，我大概也会愿意让他喝两口！

真是当局者迷

后来有天在做保姆的朋友来看我，听了我的抱怨后跟我说：

“雅妈，你的宝宝睡整夜了对不对？”朋友听完我的问题，没好气地问。

我点点头。

“雅妈，你现在每天只给临睡前的60毫升配方奶对不对？”

我点点头。

“我告诉你，没有任何一个整天没吃饱的宝宝，会靠临睡前的60

毫升配方奶就吃饱。也没有任何一个没吃饱的宝宝可以睡整夜。”朋友有些讶异我看不到这么清楚的事实。

我真是“当局者迷”，不相信自己真的能喂饱宝宝啊。

“那要怎么做？”我还是半信半疑地说。

“给奶嘴啊，亲爱的。你以为奶嘴为什么会被发明出来啊？给了奶嘴，要区分宝宝是困还是饿就容易多了。”朋友说。

她当场示范了给宝宝奶嘴的方式。本来是一碰到奶嘴一定吐出来的宝宝，在朋友有经验的带领下，没多久竟然就吸起奶嘴来了。

那天晚上宝宝吃完母奶又讨奶，我犹豫了一下，还是依照朋友教的方式先给了奶嘴。没想到一试成功，宝宝认真地吸了五分钟奶嘴后，竟然沉沉睡去，而且当天还破纪录的连睡了7个小时。

原来，事情并没有我想象中的困难啊！

从那天起，她就成了全母奶宝宝，当时3个星期又1天大！

在转全母奶的这两个多星期里，一滴奶的护士、我的朋友跟婆婆、老公都给了我很多的协助。一滴奶的护士3次到我家拜访，看我亲喂的状况；朋友与婆婆每天听我的抱怨，并在我有任何疑问或信心不足时，提供建议、帮我加油打气；老公更是在任何我需要他的时间都陪在身旁，提供帮助。

现在回顾这个经验，“相信自己可以”的信心跟不耻下问是我成功的关键因素。也觉得很幸运有周遭人全力的支持，虽然从一开始就很不顺利，却让我最后可以一圆全母奶之梦！

协助宝宝一觉到天亮的小技巧

长女小雅出生后，一直到5个月大都没有一觉睡到天亮。半夜醒来吃过奶后，还要搞个一两个小时才能入睡，让我十分头大及疲倦。一天，我跟托婴中心的园长抱怨这件事，寻找协助。

园长先跟我解释宝宝半夜不睡觉的生理性原因：原来宝宝在妈妈肚子里，就有自己的睡眠周期。出生后，仍然照着出生前的活动周期睡觉及玩耍，不会分昼夜，这是为什么初生宝宝常有在半夜突然醒来要玩耍的状况。而宝宝出生了，自然要渐渐帮他调整睡眠时间，让他白天清醒，晚上睡觉。在以色列的幼教界，戏称这个调整的过程叫做“调时差”。

当然，宝宝半夜不睡觉可能是肚子饿、生病、肚子痛、太热、太冷、寝具不够干净让他觉得瘙痒、想要便便等。但园长跟我谈的，是在一般的状况下（宝宝健康、有吃饱、一切干净舒服、不冷不热），如何协助宝宝一觉睡到天亮。

园长接着教了我一些小技巧。这些技巧不会累死妈妈（不用每天让宝宝多哭5分钟再喂他），也不会饿到宝宝。这里的教育哲学认为可以让宝宝小哭，但对于1岁前的宝宝而言，爱与安全感重于一切。在这样的哲学之下，他们发展出来的方式基本上是顺着宝宝的习性每天做微调，所以调整需要一些时间，但非常实用。

我生老二后，照着这个办法调她的时差，她几乎是从3周大后，就开始睡整夜。过4个月大后，妹妹又突然开始夜里喝奶，但她也只是起来喝过奶后，就又睡着了。我本来以为这跟妹妹的个性较沉稳有关系。不过，我跟这里许多妈妈谈过后，发现只要教会宝宝“晚上是睡觉的时间”这件事，不管是什么个性的宝宝，都很容易一觉睡到天亮。

接下来谈实际作法。

调整宝宝睡眠时间的准备动作

调整宝宝的睡眠时间需要做哪些准备呢?

1. 宝宝的体重。

一般而言，要训练宝宝睡整夜，宝宝体重满5公斤后比较容易成功。因为宝宝过5公斤后，肚子容量比较大一点，不会太快饿，比较有机会睡长一点。

2. 让宝宝告诉你他的需求。

宝宝有自己的胃口、睡眠规律及游戏时间。这是在妈妈肚子里就养成的。做父母的面对自己的新生宝宝，第一要务是在最短的时间内，了解宝宝的习性，从中协助他调整出生后的作息，而不是他一出生，就要他按照大人订的吃饭、睡觉时间表来作息。不先了解宝宝的习性就进行调整，大人小孩都会一起吃苦头，而且会多增加彼此的冲突及不愉快。

那么，要如何做，才能让宝宝“自己说”呢？方法很简单：在不打扰宝宝的状况下，观察宝宝的作息——这件事，是了解所有宝宝的起点。

有关新生儿的吃饭及睡觉习惯，以色列最近流行的学说是：第一，宝宝睡觉不要吵他，因为睡眠可以分泌一些激素，让宝宝长得比较好。第二，宝宝饿了就吃奶，不需定时喂。

所以妹妹刚出生在医院时，我就开始观察她的作息状况。一般而言，她睡醒后肚子饿，护士会帮她换好尿布推来给我喂奶。我从第三天就注意到，妹妹的习惯每三个小时吃一次奶，醒来后的一到一个半小时后就会很困想睡觉，然后睡一到一个半小时就醒来，连半夜都一样。然而，每天下午会有长睡眠，约四到五个小时。也就是说，长睡眠时，她可以撑个五到六小时不吃奶。我观察了几天，这个周期非常明显。当然，妹妹是大宝宝，她出生时就差不多5公斤重。如果观察后，发现宝宝有出现四到五个小时的“长睡眠周期”，就可以开始调整他的时差。另外，在这个阶段，父母也可以观察宝宝每天的吃奶量。

3. 预备房间。

宝宝不管是睡自己房间，或是跟父母同房，房间最好有微暗的小灯。房间愈暗愈好，只要大人半夜起床不会跌倒即可。

4. 舒适的喂奶方式。

喂母奶的妈妈，最好有一张舒适的喂奶椅，或是学会躺喂；瓶喂的妈妈可以在睡前把奶瓶的水装好、奶粉量打点好。让自己在半夜起床时，花最少的时间把配方奶泡好。

进行方式

白天注意事项：

1. 确定宝宝白天有吃饱、吃够。

一般而言，宝宝每三到四个小时吃一次。也有很多宝宝是每两个小时吃一次。喂配方奶的妈妈，不用太计较宝宝某一餐吃得多或吃得少，也不要强迫宝宝一定要一餐吃完多少；相反的，该注意的是宝宝通常一整天喝了多少毫升——再一次提醒，一开始时顺着宝宝的作息，宝宝想吃就吃，不想吃就不要强迫。这样做个一两个星期的统计，妈妈大概就对于宝宝大概一天吃了多少、宝宝是大胃王还是一般容量会有个底。喂母奶的妈妈，反正就是宝宝饿就喂，过一两个星期，宝宝吃奶的周期也就会出现。

有了这个资料做基础，父母就知道宝宝白天一整天是不是有吃饱、吃够，而不是以“几公斤的宝宝一天要喝掉多少毫升的奶”做标准。注意！宝宝跟大人一样，是个人，不是机器人，有自己的胃口，不会每餐都吃一样的量。

2. 不要让宝宝在白天睡太多。

跟大人一样，如果宝宝白天睡太多，晚上就很难睡长。那睡多久算睡太多呢？通常而言，不要让宝宝连续睡超过三个小时。半个小时、一个半小时、三个小时都是很好的睡眠周期。如果父母打算要在宝宝睡眠中叫醒他，可以以这些时间长短做参考。一般而言，妹妹白天睡觉我从来不吵她，除非她睡超过三个小时。当然，如果父母有时间压力要外出之类的，也不用特别等到宝宝醒来，宝宝如果太困，就算被吵起来了，还是会再睡着。另外，如果宝宝生病，或有不舒服的状况，就不要去打扰宝宝的休息。

3. 确定宝宝在白天有足够的活动。

宝宝跟大人一样，操得累，晚上就好睡。那么，刚出生不会做任何事的宝宝，可以有什么活动呢?

（1）练习趴着抬头。满月后的宝宝，练习趴着抬头是最好的运动（我家的可是出生两个星期后，就开始被我老公训练）。一般而言，宝宝都不喜欢趴着，因为整个身体比例上头太大，趴着要抬头的话得对抗地心引力，非常辛苦。然而抬头却是宝宝接下来众多发展（翻身、爬行）的基础，越多做越好。一开始可以一次20秒，如果宝宝没有抱怨，可以做久一点，一天做个四五次。过3个月后，基本上只要宝宝醒着，最好就让他趴着，不仅对他发展有帮助，也因为有做运动，会比较好睡。

（2）跟宝宝玩耍。眼对着眼，对着宝宝讲话及玩耍、唱歌给宝宝听，会刺激宝宝的大脑发展，宝宝接受很多听觉、视觉的刺激，除了会变聪明，也会比较累。

（3）带宝宝出门散步。如果天气好，可以把宝宝放在婴儿车里躺着，打开遮阳的盖子，让他可以看到上方的景色。3个月后就可以让宝宝趴着，这个角度宝宝除了可以往前看，还可以左右看。除了给宝宝很多听觉、视觉、嗅觉的刺激，通常宝宝因为好奇，会愿意趴着久一点，一举两得。

（4）睡前洗个长长的澡。晚上长睡眠前，帮宝宝洗个长长的澡，让宝宝在浴盆里玩耍。之后再帮宝宝好好做个几分钟的按摩，帮助宝宝睡好觉。

4. 睡眠之前，至少让宝宝有一段比较长的清醒时间。

如果宝宝醒来后一个半小时到两个小时就得睡觉，长睡眠前建议让宝宝撑两个小时再睡觉。

半夜宝宝醒来时：

1. 停、看、观。

不管是什么时候，宝宝醒来哭闹不一定是代表他饿了，而可能是因为外在因素（例如：太冷太热、被自己的手抓痛、被蚊子咬……）而惊醒。妈妈可以先无声地轻摇宝宝的床、给宝宝奶嘴（不要跟宝宝眼对眼）之后，看看宝宝的反应。如果宝宝马上安静下来，则不需要把宝宝马上抱起来，可以摇到宝宝闭上眼或睡着就离开。这种状况下，如果妈妈直接把宝宝抱起来，反而会吵醒宝宝，得花更长的时间让宝宝恢复到想睡的状态。

2. 如果大致上确定宝宝是肚子饿才醒来，记得整个喂奶过程，不要让宝宝太过清醒。

（1）妈妈在把宝宝抱起来前，请先把配方奶泡好。把宝宝抱起来之后，先检查尿布（可以直接用闻的），如果没有便便，尿布没有太满，则不要帮他换尿布。因为换尿布会让宝宝变清醒。

（3）整个过程不要跟宝宝讲话、唱歌，能够的话不要眼对眼。

（4）不要打开宝宝房间的大灯，喂奶的地点也保持微亮，不要有太强的灯光。

（5）喂完奶、拍打隔之后，再检查一次宝宝的尿布。然后把宝宝放回床上。

3. 如果宝宝吃完奶后躺回床上不睡觉。

（1）除非宝宝大哭或大叫，不然就让他自己留在床上跟自己玩耍或讲话。也不要在他一出声就抱起来。如果宝宝是趴着睡，可以轻拍他的屁股；如果是躺着睡，则要避免眼神的接触。

（2）如果宝宝大哭超过3分钟，抱起来摇一摇，等他安静下来，或睡着，再放回床上。

（3）如果宝宝仍然不睡觉，就重复上述的动作。

基本上父母在调宝宝时差时该做的，就是让宝宝知道晚上是睡觉时间，白天是玩耍时间。所以白天有很多声音、光线，有很多笑容及活动，而半夜则不讲话、不唱歌、灯光昏暗。如此一来在半夜减少所有可能的刺激，让宝宝保持安静。也因为缺乏刺激，宝宝很快就会困，也因此可以达到调时差的目的。

当然，如果宝宝是那种半夜常会便便的小孩，那父母调整宝宝时差的时间就会长一点，但不要放弃。依上述的方法去做，宝宝自然会渐渐地睡到天亮。

怎么开始训练宝宝脱尿布

以色列的幼教理论认为“拿掉尿布”跟“幼儿吃饭”一样，大人很容易介入过多，造成亲子关系紧张。它也是父母传递不当权威概念的地方。而戒尿布这件事，比幼儿吃饭更容易使亲子关系紧张，因为对于习惯控制小孩的父母而言，小孩不吃饭可以强迫喂食，但孩子无法顺利在洗手间如厕，父母除了生气着急之外，不能替小孩多做什么。

所以很多的父母将自己的挫折与脾气发泄在小孩身上，造成小孩学习上更多的困难与恐惧。因而以色列幼教界对于这两件事情，着墨极深。他们以儿童发展的角度，提出适合幼儿学习的步骤，强调幼儿的自主性及动机，期待能够让大部分的幼儿及幼儿父母，以较平稳顺利的方式度过这些阶段。

目前以色列的幼儿园皆不建议父母在幼儿在18个月大之前拿掉尿布，而且最好是在幼儿两岁之后再开始进行。这件事要做得快速而顺利的前提，是父母跟幼儿都“准备好”。幼儿两岁后，如果生理发展上符合下列所有项目就可以进入戒尿布准备期：

1. 幼儿会说话。
2. 幼儿可以自行脱掉简单的裤子。
3. 幼儿已经发展出些许耐性，可以等待。
4. 幼儿晚睡前已经不再喂奶。
5. 幼儿睡在可以自己上下床的儿童床上。

注意事项及实际的操作方式将在下文中提到。

什么时候可以拿掉幼儿的尿布

妈妈们都很疑惑，究竟什么时候可以拿掉幼儿的尿布呢？

1. 幼儿的年纪。不要在18个月大之前，尽量是在两岁到三岁半之间。设定在这个区间，是因为18个月大之前的幼儿膀胱肌肉发展还不成熟，需要在间隔很少的时间内去上洗手间，而且理解力不足，训练起来时间需要较长。

2. 对于大人或其他儿童上厕所这件事情产生兴趣，想要跟着一起去看，或会询问问题。

3. 幼儿在尿尿、便便之前或之后，会告诉大人他的尿布不干净。

4. 幼儿自己不想再穿尿布或是曾经成功地在尿壶里尿尿及便便。

5. 换尿布的时间延长。

6. 午睡后尿布仍然是干的。

7. 幼儿对于尿布湿了或脏了，会出现不舒服或不高兴的抱怨。

8. 幼儿尿尿及便便的时间开始出现某种规律性，例如总是在中餐饭后20分钟便便。

9. 可以自己表达要脱掉裤子上厕所的意愿；或可以自行脱掉裤子及尿布。

不适合开始戒尿布训练的时期

有以下状况时，不建议开始进行戒尿布训练：

1. 环境变动时期：搬家、换幼儿园、移民。

2. 家庭紧张或变动时期：新生儿、疾病、父母的时间急迫、父母有短暂的工作压力或需上课（如果父母未来几年工作、时间状况不能改善，就没有延后幼儿戒尿布训练的必要）。

3. 如果幼儿坐在马桶上就是尿不出来或便不出来。父母对于幼儿继续坐在马桶上的要求，通常只会让状况变得更差，延长训练时间。

幼儿不须满足以上所有条件才开始脱掉尿布。缺一两项也没有太大的关系。

幼儿戒尿布之前的准备动作

幼儿戒尿布之前父母应该有哪些准备动作呢?

1. 父母该在家准备好幼儿用的尿壶或幼儿马桶座。

2. 准备与戒尿布相关的绘本，开始用游戏以及读绘本的方式，介绍幼儿使用尿壶或幼儿马桶座的方式，提起他们摆脱掉尿布的兴趣。

3. 将家里的地毯拿起来，沙发、座椅、床垫上铺防护垫。

4. 买足训练裤或内裤以及裤装的数量。训练的第一周，每天可能需要六到八条。

5. 正式脱尿布的前一周，要每天在固定的时间带着幼儿坐马桶，不需要真的大小便。这个步骤是训练幼儿习惯马桶座，也习惯定时去坐马桶。

6. 大人准备好花时间与耐心陪小孩戒尿布。在小孩戒尿布的第一二周，父母需要比以往花更多时间、力气与耐心陪小孩。所以大人自己也要准备好。选择杂事较少的日子开始进行训练，大人与小孩都会比较从容。

进行方式

那么，具体的进行方式和步骤是怎样的呢?

1. 当父母观察到幼儿的生理与心理都准备好了之后，接着就开始正式脱掉尿布。

（1）在幼儿早上睡醒时，带着他坐马桶，并且告诉他：他已经长大了，从今天起不需要再穿尿布。一开始白天活动时不包尿布，但午睡与晚上睡觉前包尿行。

（2）固定时间上厕所。这个年纪的小孩贪玩，很难催他们去洗手间，所以最好的方式是利用活动与活动之间的时间上厕所。例如早上吃饭前、小孩出门去散步前、小孩散步回来后、去院子玩耍之前……这样小孩就不用玩到一半被要求放下玩具或游戏去上厕所。每次坐马桶的时间要超过3分钟。可以陪着小孩唱首歌，或念个故事，但要确实让小孩坐下来。在脱尿布的第一个星期，每隔30分钟到40分钟带小孩上一次厕所。如果发现小孩没办法撑到30分钟才尿尿，则要改成每20分钟。

幼儿在脱尿布的第一个星期，常会有失误，最常发生的状况是带小孩上厕所时什么都没有出现，回去玩耍不到两分钟就尿湿裤子。准备得比较好的幼儿可能只需要两到三天的时间，就会在厕所小便；但一般而言，都需要一到两周的时间。做父母的在前两周需要以无比的耐心，面对幼儿的各种失误。

2. 孩子做不好时，父母应该注意的事项。

（1）当幼儿尿湿裤子时，父母不需要生气，只要以坚定的口气告诉孩子他已经没穿尿布了，有大小便需要时一定要上厕所，不然会把自己搞得湿湿臭臭的，很不舒服；相对的，当幼儿成功地在厕所如厕后，要大力赞美，让小孩觉得自己是个大孩子，对自己感到骄傲。就算小孩失败了十次，成功了一次。大人跟小孩的谈话内容要集中在“成功的经验”，让小孩知道他做得到。

（2）安抚幼儿的情绪。在做戒尿布训练时，幼儿会开始意识到要对自己的身体负责任，这样的压力让小孩很容易有退化行为。例如会增加哭闹行为，情绪变得比较不稳定，突然要求要使用安抚奶嘴……这些都是正常状况。父母在面对小孩的不稳定情绪时，请尽量安抚，多拥抱，多亲吻，给小孩力量与支持，用爱心与耐心陪他们度过这个阶段。

（3）大人要尽量避免负面情绪。当然，幼儿整天在家尿裤子，对于需要整理打点家里的大人而言是非常烦人的事情，也很容易因此动怒。但请记得这个年纪的小孩，对于打骂只会心生恐惧，几乎没有正面的教育效果。在戒尿布的训练上，打骂只会带给小孩压力，很多幼儿会因为心生恐惧，反而更无法顺利的如厕。这就会造成训练时间愈拖愈长，大人与小孩都充满怒气与恐惧，最后变成伤害亲子关系的负面回忆。

（4）要小孩确切知道尿、便在裤子里是不好的事情。幼儿一开始尿裤子时，大人不用生气、责骂。禁止使用“你是个笨蛋啊？跟你说要去厕所，你怎么都学不会！”或是“你再尿在裤子里，我就不带你出门！”这类大人发飙却对事情没有正面帮助的句子跟处罚。但也不要让小孩觉得尿裤子是可以的、没有关系的事情。

告诉幼儿“裤子湿掉了没关系”并不是适当的方式。比较好的句子是：“裤子湿掉了喔？真讨厌，而且臭臭的，你一定觉得很不舒服，我们赶决把它换掉。下次想尿尿时要赶快去厕所喔！”如果父母对于尿湿裤子的反应太淡定，有些小孩会以为那是被允许的，所以就算他们可以去上厕所也会赖皮。

3. 后续注意事项。

（1）一般而言，尿尿的训练会比便便快。很多幼儿在可以上厕所小号之后，还会便便在裤子上，这是正常状况。只要父母继续协助小孩，约再过两个星期到一个月，小孩就可以完全顺利如厕。

（2）等到小孩可以自己顺利地到洗手间如厕后，父母接着要观察小孩午睡起床后尿布的状况。如果超过三四天的时间，幼儿起床时尿布是干的，则也可以脱掉午睡的尿布；同样的，如果幼儿早上睡醒尿布是干的，则可以选定日子脱掉晚上的尿布。

（3）戒尿布训练从开始到完成通常不会超过两个月。幼儿园一般的程序是：第一到三周完成白天训练，第四周完成午睡不包尿布的训练，第六到七周脱掉晚上睡觉的尿布。

（4）如果超过一个半月孩子还没有办法完成白天的戒尿布训练，最大的可能是幼儿还没有准备好。这时就必须求助专家，并且考虑继续包尿布，重新做戒尿布前的准备训练。

戒尿布这件事宜慢不宜快，最重要的是要观察小孩的心理与生理成长状况，确定幼儿准备好的迹象。这样您也就可以像我一样，轻松愉快地帮小孩完成戒尿布的训练！

怎么开始喂宝宝吃副食品

长女小雅4个月大时，我跟托婴中心的园长做了会谈。会中我询问了有关副食品的诸多问题，像是：到底小孩从什么时候要开始吃副食品？4个月大或是6个月大？要从什么食物开始喂？如何确定宝宝是不是有过敏？副食品是在喂奶前还是喂奶之后吃？什么时候要开始降低喂奶的量？

对于宝宝要如何吃饭这件事，园长告诉我以色列的托婴中心有完整的配套措施。

1. 一般托婴中心从宝宝6个月大左右，开始提供副食品。父母则可以视宝宝的状况，从4个月大左右，于晚餐时间开始让宝宝尝味道。

2. 6个月大之前，托婴中心让宝宝完全顺着自己需要作息——饿了就吃、困了就睡。从6个月大开始，就要开始帮宝宝调作息，帮助宝宝建立起“白天玩耍，晚上睡觉”，以及“正常吃三餐”的作息表。

3. 等到宝宝副食品吃得不错了，就可以渐渐减少喂奶的次数。一般而言，小孩到了一岁左右，就可以以三餐为主，喂奶为补充食品。

接下来谈实际做法。

宝宝开始吃副食品的时机

当宝宝达到以下的发展状况时，可以开始给宝宝尝试副食品。

1. 宝宝可以靠着东西坐起来。

2. 坐着时，宝宝脖子可以稳定地支撑住头部。

3. 宝宝显现出对食物的好奇心，以及有食物靠近嘴巴时愿意开口吃食物。

4. 宝宝咀嚼时可以把食物从嘴巴的一边送到另一边。

5. 宝宝可以用手把不同的形状跟材质物体送入嘴巴里。

当宝宝的发展满足上述的每一项时开始喂食副食品，成功机率会大很多。通常会是在4个月大之后，很多宝宝则是快6个月左右才准备得比较好。

宝宝吃副食品前的准备

宝宝吃副食品前父母要有哪些准备呢？

1. 餐具。

宝宝需要无毒安全、不容易摔破的餐具。

2. 自制表格。

宝宝一开始吃副食品时得注意有没有过敏现象，因此每样食物都要吃3天，确定没有过敏反应后再添加一样新食物。父母在宝宝一开始吃副食品时，可以做一张表格贴在冰箱上提醒自己。横轴写上食物名，纵轴为日期，一天一格，每天宝宝吃完后打个勾，这样就可以轻松的知道宝宝已经吃过哪几样食物。

日期	食物名称	
	红萝卜	南瓜
6/1	√	
6/2	√	
6/3	√	
6/4	√	√
6/5	√	√

3. 自制水果泥跟蔬菜泥的工具。

目前以色列的幼教界认为，全泥食物不利于训练宝宝的吞咽能力，因而不建议在喂食副食品时，全用果汁机把水果跟蔬菜打成完全泥状喂食。水果泥的部分建议使用一般家用手动的刨丝板，蔬菜则是煮到烂熟后用汤匙背部压碎。

4. 逐渐固定每天的喂奶与睡眠时间。

6个月大后的宝宝，可以逐渐将喂奶时间固定在三到四个小时之间，白天安排两到三次的小睡时间。如此一来，可以从一开始就把副食品的喂食时间跟大人的三餐时间拉近，以后可以减少非正餐时间喂食的问题。

5. 父母急救能力的具备。

照顾宝宝时的状况有千万种，很多危险状况发生时可能都是宝宝跟某一个大人单独相处的时候，所以家有幼儿的人一定要有基本的急救能力。如果生了小孩之后还没有去学急救的父母，可以在宝宝开始吃副食品之前，赶快去上课。因为宝宝开始吃东西之后，除非都不给小孩有点硬度的食物，不然难免会有吞食不顺或噎到的机会。作为宝宝的主要照顾者，至少要懂得如何拍背跟从口腔把食物挖出来两种急救方式。

进行方式

具体的进行方式有哪些呢？

1. 时间与次数。

一开始为一天一次，建议为中餐时间。看宝宝的睡眠时间以及对副食品的接受度。一到两个星期之后可以增加晚餐（吃的东西跟中餐一样），一个月后可以增加早餐。不要一次给予多种新食物，因为如果引起过敏反应，会难以找出过敏原。最后还是得一样一样重新来。每隔三天给新的食物，可以看出宝宝的过敏问题，也可以看出宝宝对该样食物的消化能力。

2. 食物种类。

从煮熟的根茎类蔬菜开始，渐进到生食蔬菜，最后是水果。为什么是这个顺序呢？因为人都有嗜甜的本性。如果一开始就给宝宝较甜的水果，之后宝宝拒吃蔬菜的机率会提高。从蔬菜开始，并且利用宝宝对于新食物的好奇心，比较有机会让宝宝好好尝试各种食物。

做父母的可以在宝宝开始吃副食品时选择当季的蔬果作为开始。我家三个小孩的人生第一口副食品都是煮熟的红萝卜泥配上鸡汤，接下来是南瓜、马铃薯、西葫芦、地瓜……

注意！副食品的喂食有一个目标是要让宝宝分辨食物的口感，逐渐发展出他自己的饮食喜好。为了让宝宝可以尝到原汁原味的食物，建议吃副食品的前两个月，不要将食物混合在一起喂食。例如：如果食物有红萝卜泥跟地瓜泥两种，就要一样一样地喂，不要把红萝卜泥跟地瓜泥混在一起喂宝宝。

3. 如何处理宝宝拒绝被喂食的状况。

宝宝吃副食品一到两个月之后，会开始出现拒绝被喂食，或希望自己拿着食物吃的状况。这时如果宝宝的吞咽能力允许，可以将煮熟的蔬菜或是熟软的水果（如香蕉、奇异果、橘子等）切成条状让宝宝自己拿着吃。另外像是吐司的硬边、长度适中的面条都是很好的选择。如果宝宝很坚持要自己吃，白饭跟水果泥等食物也可以拿给宝宝直接用手吃。

宝宝吃饭吃得脏兮兮，是正常而必要的过程。让宝宝自己动手吃，对于宝宝的大脑训练跟自我发展有很大的帮助。如果父母害怕吃完后地板太脏乱，可在吃饭前在地板上铺上报纸，方便餐后整理。一般而言，宝宝吃饭时一开始肚子饿，会很认真吃。等到吃饱了，就会开始玩食物、丢食物。这时父母就可以把宝宝抱离餐桌。

4. 喂食副食品的时间。

最好选在喂奶前的一个小时。例如：宝宝早上6点起床喝奶，8点30分吃副食品早餐，之后9点30分喂奶。一开始时增加副食品并不能马上取代奶瓶，父母还是要依据宝宝原来的喝奶时间喂奶，只是多加喂副食品一项。例如：如果宝宝原来是一天喝5次奶。那喂食副食品之后，则是一天喝5次奶，再加上三餐的副食品。

通常宝宝在吃副食品的第三个月，就可以取消早餐后的喂奶；吃副食品的第五到六个月，可以取消掉中餐后的喂奶；一岁到一岁两个月左右就可以完全以三餐为主食。

5. 喂食原则。

以色列的幼教喂食原则为："父母决定什么时候吃，吃什么；孩子决定吃不吃，吃多少"。强迫喂食被视为是反教育。在宝宝不肯吃副食品时请不要强迫他。通常自己动手吃饭的宝宝会比被汤匙喂食的宝宝更愿意吃饭，也更知道自己对饮食的喜好。

结婚生子后几次回到台湾，常碰到做妈的朋友跟我抱怨小孩不吃饭，或是得要大人追在后头喂上一个小时，或是喂了一口就含在嘴巴里不吞也不吐出来。这些状况其实就是父母长期强迫喂食，而造成孩子被动反抗的习惯。期望大家把吃饭的权利还给孩子，让他们自己吃、自己决定要吃什么、吃多少，让餐桌也可以变成是孩子学习了解自己的饮食喜好、父母了解孩子的食量与口味的好地点！